Administração de vendas, varejo e serviços

SÉRIE ADMINISTRAÇÃO EMPRESARIAL

Ricardo Hillmann

Administração de vendas, varejo e serviços

EDITORA intersaberes

Rua Clara Vendramin, 58 . Mossunguê
CEP 81200-170 . Curitiba . PR . Brasil
Fone: (41) 2106-4170
www.intersaberes.com
editora@editoraintersaberes.com.br

CONSELHO EDITORIAL
Dr. Ivo José Both (presidente)
Dr.ª Elena Godoy
Dr. Nelson Luís Dias
Dr. Neri dos Santos
Dr. Ulf Gregor Baranow

EDITORA-CHEFE
Lindsay Azambuja

SUPERVISORA EDITORIAL
Ariadne Nunes Wenger

ANALISTA EDITORIAL
Ariel Martins

PROJETO GRÁFICO
Raphael Bernadelli

CAPA
Adoro Design

FOTOGRAFIA DA CAPA
Wavebreakmedia ltd/Yuri Arcurs/ PantherMedia

1ª edição, 2013.
Foi feito o depósito legal.

Informamos que é de inteira responsabilidade do autor a emissão de conceitos.

Nenhuma parte desta publicação poderá ser reproduzida por qualquer meio ou forma sem a prévia autorização da Editora InterSaberes.

A violação dos direitos autorais é crime estabelecido na Lei n. 9.610/1998 e punido pelo art. 184 do Código Penal.

Dados Internacionais de Catalogação na Publicação (CIP)
(Câmara Brasileira do Livro, SP, Brasil)

Hillmann, Ricardo
   Administração de vendas, varejo e serviços/Ricardo Hillmann. – Curitiba: InterSaberes, 2013. – (Série Administração Empresarial).

Bibliografia.
ISBN 978-85-8212-719-3

1. Administração de vendas 2. Clientes – Contatos 3. Clientes – Satisfação 4. Desempenho 5. Negociação 6. Marketing 7. Varejo – Empresas – Administração 8. Vendas e vendedores I. Título. II. Série.

12-15392   CDD-658.8

Índices para catálogo sistemático:
   1. Administração de vendas a varejo: Estratégia: Administração 658.8
   2. Marketing de varejo: Estratégias: Administração 658.8

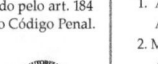

Sumário

Apresentação, IX

(1) Administração de vendas, varejo e serviços, 11
    1.1 Vendas e distribuição, 14
    1.2 Canais de distribuição, 15

(2) Administração de vendas, 23
    2.1 Panorama da administração de vendas, 26
    2.2 Fases da venda, 31
    2.3 O *checklist* do vendedor e do comprador, 34

(3) A organização da força de vendas, 37

   3.1 Princípios da organização da força de vendas, 40
   3.2 Território, 43
   3.3 Portfólio de análise (tamanho mínimo de conta), 44
   3.4 Recrutamento e seleção de vendedores, 45
   3.5 Treinamento, 48

(4) Compensação, motivação e gerenciamento de vendas, 53

   4.1 Tarefas da equipe de vendas, 55
   4.2 Planos de compensação, 56
   4.3 Motivação, 60
   4.4 Gerenciamento de vendas, 61

(5) O varejo e o serviço no mundo globalizado, 67

   5.1 Principais diferenças entre varejo e serviço, 70
   5.2 Origem da atividade varejista, 73
   5.3 O papel do varejo nos canais de distribuição, 77

(6) Formatos do varejo e suas principais características, 83

   6.1 Organizações caracterizadas por tipo de propriedade, 86
   6.2 Organizações caracterizadas por possuírem lojas instaladas, 90
   6.3 Organizações caracterizadas por não possuírem lojas instaladas, 98

(7) Classificação dos serviços, 101

   7.1 Serviços de consumo, 104
   7.2 Serviços voltados às organizações, 105
   7.3 Serviços tangíveis, 106
   7.4 Os 4 Ps dos serviços, 107

(8) O *marketing* aplicado ao varejo e aos serviços, 113

   8.1 Produtos, marcas, embalagens e serviços, 115
   8.2 A localização comercial como diferencial para o varejo e os serviços, 116
   8.3 Preço, valor e condições de pagamento, 118
   8.4 Composto promocional, 122

(9) Administração integrada de serviços, 129

    9.1   Os oito componentes da administração integrada de serviços, 132

    9.2   Integração de serviços, pessoas e operações, 136

    9.3   Precificação e valor nos serviços, 137

(10) Ética e tendências, 141

    10.1   Ética na condução dos negócios do varejo e dos serviços, 144

    10.2   Tendências para o varejo no Brasil e no mundo, 146

    10.3   Tendências para os serviços no Brasil e no mundo, 148

Referências, 151

Gabarito, 153

Apresentação

Este livro aborda três assuntos muito importantes relacionados à administração, referindo-se às atividades de vendas, de varejo e de serviços. Estamos sempre esbarrando em circunstâncias ligadas às VENDAS, ao VAREJO e aos SERVIÇOS; três temas que se inserem no contexto do *marketing*, que é uma das principais ferramentas de gestão utilizadas na atualidade. Obviamente, todos os produtos envolvem a prestação de um serviço, mas nem todo serviço está relacionado à obtenção de um produto. Pode parecer contraditório, mas isso faz parte de nosso dia a dia. O objetivo deste livro é fornecer técnicas e ferramentas administrativas que foram testadas, aprovadas e inseridas no mercado. Para tanto, buscamos tecer uma abordagem prática, útil e fácil de compreender e acompanhar.

Em seu primeiro capítulo, o livro apresenta a administração dos canais de distribuição, explorando os tipos mais conhecidos, direta e indireta, de mercadorias e serviços. Do segundo ao quarto capítulo, tratamos da administração de vendas, apresentando um panorama geral da área de vendas e as fases dessa atividade, levando em consideração os pontos de vista do vendedor e, principalmente, do comprador. Abordamos ainda a organização da força de vendas, considerando os seus territórios, o recrutamento e a seleção de vendedores, bem como o treinamento e a remuneração desses profissionais (também denominada de *compensação*). Concluímos o assunto VENDAS discorrendo sobre motivação e gerenciamento de vendedores.

O quinto e o sexto capítulos têm como foco a administração de varejo, explorando aspectos relacionados à origem da atividade varejista aos principais formatos de varejo (presencial e virtual, alimentício e não alimentício). O enfoque inclui também um pouco da história do mercado.

No sétimo e oitavo capítulos, introduzimos a administração de serviços, apresentando a sua classificação e discorremos sobre as relações entre o varejo e os serviços, que estão entrelaçados. Também analisamos as principais ferramentas de *marketing* empregadas como incentivo e motivação. Os serviços são discutidos de forma mais aprofundada no nono capítulo, em que se apresenta o estudo de oito importantes componentes da administração dos serviços. O décimo e último capítulo trata da ética e das tendências do varejo.

Além da leitura deste livro, recomendamos com veemência o estudo da obra *Conceitos essenciais de marketing*[a], da Dr.ª Valesca Reichelt, que apresenta importante abordagem relacionada ao assunto.

Entendemos que o papel de autor e de professor, que ora empreendemos, alcançará maior plenitude à medida que os leitores e estudantes se tornem não somente consumidores do conteúdo aqui disponibilizado, mas que sejam também multiplicadores do conhecimento adquirido.

---

a. In: ULBRA. *Fundamentos de marketing*. Curitiba: Ibpex, 2009.

(1)

Administração de vendas,
varejo e serviços

Ricardo Hillmann é doutorando pela Universidad de León, Espanha; especialista em Administração com ênfase em marketing *pela Universidade Federal do Rio Grande do Sul – UFRGS (1985); bacharel em Administração de Empresas (1972) e em Administração Pública (1973) pela mesma instituição. Possui 41 anos de experiência profissional, tendo executado funções diversificadas – como marceneiro aprendiz,* office boy, *vendedor externo, empresário, professor, gerente, diretor de várias empresas etc. Em sua trajetória acadêmica, foi coordenador dos cursos de pós-graduação em* Marketing *e Estratégia Empresarial da Universidade Luterana do Brasil – Ulbra (1996-2000), diretor dos cursos de Administração e dos cursos superiores tecnológicos de gestão dessa mesma universidade (2005-2006), além de coordenador do curso tecnológico de Gestão Comercial também da Ulbra (2007). Foi paraninfo e professor homenageado. Desde 1994, é professor dos cursos de graduação em Administração e Comunicação Social e professor em cursos de pós-graduação da Ulbra.*

Ricardo Hillmann

No âmbito da administração, deparamo-nos com assuntos fundamentais para que as organizações possam alcançar os seus objetivos, tais como comércio, finanças, logística, recursos humanos e teoria da informação. Dentro da área de comércio, uma das ferramentas mais utilizadas é o *marketing*. No âmbito deste está o foco desta obra, que trata de vendas, varejo e serviços. As vendas representam o "sangue" de uma empresa, pois, sem elas, não funcionam o atacado, o varejo e os serviços. Não funciona também o fluxo de produção e de distribuição, que é representado basicamente pela produção, compra, estocagem e venda.

Podemos constatar também que o varejo vende produtos com serviços agregados. Por exemplo: a exposição das mercadorias numa prateleira de supermercado ou numa vitrine constitui um serviço oferecido ao consumidor, pois facilita suas escolhas. Outro serviço bastante reconhecido pela população é a entrega gratuita das compras feitas nos minimercados.

Temos, no entanto, muitos serviços isolados, como barbeiro e cabeleireiro, que não têm produtos agregados. Eles vendem, nesse caso, a satisfação de se adquirir beleza e bem-estar. Assim, podemos dizer que "quase todo varejo possui um ou mais serviços incorporados, mas nem todo serviço possui um produto agregado".

As pessoas confundem o conceito de *marketing* com outros, como os de propaganda ou vendas. Estas são, sem dúvida, ferramentas de *marketing*, mas não são as únicas, portanto propaganda e vendas não são sinônimos de *marketing*. Além disso, muitas pessoas atribuem uma conotação pejorativa ao *marketing*, confundindo o termo com "enganação", com o sentido de tentar vender o que as pessoas não querem ou não precisam comprar. Na realidade, *marketing* é exatamente o oposto disso, pois tem como principal objetivo descobrir as necessidades do consumidor e buscar satisfazê-las da melhor forma possível. Para tanto, é necessário pesquisar constantemente o mercado ou, como dizemos, "entender para atender". Isso significa que devemos entender o que o consumidor ou comprador precisa para, então, atender às suas necessidades de maneira mais conveniente, agradável ou confortável.

(1.1) Vendas e distribuição

Podemos considerar como algo corriqueiro nos depararmos com empresas de varejo nos diferentes centros urbanos, a exemplo de uma quitanda ou de um pequeno mercado de bairro, que precisam vender seus produtos para o consumidor final.

Um salão de beleza é compreendido por todos nós como uma empresa prestadora de serviços. Vender esse serviço não é tão fácil quanto parece, pois é preciso prometer ao cliente que o corte de cabelo ou o serviço de manicure será bem feito, ou seja, vende-se uma promessa, não se tem o produto na mão, como o varejo.

Todos já devem ter ouvido falar em distribuição, o que, no contexto de nosso estudo, relaciona-se ao processo de fazer chegar um produto ou serviço até os consumidores finais. O assunto é fácil, porém apresenta nuanças, isto é, sutilezas, diferenças delicadas entre coisas do mesmo gênero. A distribuição implica o emprego de CANAIS DE DISTRIBUIÇÃO, que dizem respeito à combinação de diversas empresas e organizações que se encarregam de fazer o produto ou serviço chegar às mãos do consumidor ou usuário final.

Nesse contexto também é empregada a expressão *distribuição física*, que designa uma grande variedade de atividades relacionadas com a eficiente movimentação de produtos acabados, desde o final da linha de produção (industrial ou agrícola) até o consumidor ou usuário.

A distribuição tem forte relação com a disciplina de logística. Por isso, reveja esse assunto, para compreender melhor a importância da distribuição no contexto da administração eficiente e eficaz.

(1.2) Canais de distribuição

A escolha de um canal de distribuição, bem como a quantidade de intermediários, dependerá do tipo de produto, mercadoria ou serviço a ser distribuído.

Em uma PRIMEIRA SITUAÇÃO, o produtor ou fabricante distribui o seu produto diretamente ao consumidor final. Podemos citar a estadunidense Dell como exemplo de uma empresa que supre, por si, vários canais de distribuição, pois, em suma, ela desenvolve, produz e vende computadores diretamente aos usuários finais, bem como provê o suporte técnico dos equipamentos que vende. Outro exemplo, mais simples, é o de um agricultor, cuja produção de milho verde é vendida diretamente aos consumidores na estrada perto de sua propriedade ou num ponto de venda (PDV).

Nesses casos, temos um caminho direto:

Produtor ⟶ Consumidor

Em uma SEGUNDA SITUAÇÃO, o produtor ou fabricante distribui uma mercadoria (computador ou milho verde, para considerar o exemplo anterior) diretamente para um varejista, que comecializa o produto juntamente com outros da mesma linha, possibilitando mais opções para um provável cliente – por exemplo, a rede de lojas Ponto Frio ou o Mercadinho do Zé.

Nesse caso, temos um caminho que envolve um intermediário:

Produtor ⟶ Varejista ⟶ Consumidor

Considerando uma TERCEIRA SITUAÇÃO, o produtor ou fabricante vende seus produtos a um atacadista ou distribuidor, que os revende a um varejista que, por sua vez, vende-os aos consumidores.

Assim, temos um caminho com dois ou três intermediários:

Produtor ⟶ Atacadista e/ou distribuidor ⟶ Varejista ⟶ Consumidor

Uma QUARTA SITUAÇÃO envolve ainda mais intermediários, tal como uma indústria que fornece peças ou acessórios para outras indústrias. Por exemplo: uma indústria de componentes para calçados produz fivelas, as quais são distribuídas para as fabricantes de calçados e, entre uma e outra empresa, pode haver um distribuidor.

A cadeia de distribuição, nesse caso, fica assim:

Indústria ⟶ Distribuidor ⟶ Indústria ⟶
Atacadista e/ou distribuidor ⟶ Consumidor

O lugar e o tempo na cadeia de distribuição

Para funcionar a contento, o processo de distribuição precisa oferecer o produto ou serviço no lugar em que ele é necessitado ou desejado. É comum as empresas definirem diferentes áreas geográficas para atingir públicos diferentes para cada linha de produtos.

Assim, tomando o exemplo de empresas que atuam com máquinas elétricas portáteis, tal como a Bosch, a Makita ou a Black&Decker, percebemos que elas podem desenvolver canais de distribuição diferentes para sua linha de máquinas elétricas – sejam de marcenaria, mecânica, serralheria, jardinagem etc. Como o consumo desses produtos é diferente em termos de público e de volume de vendas, os canais de distribuição também são diferenciados, ou seja, essas empresas utilizam-se de mais ou menos intermediários.

A distribuição de máquinas elétricas portáteis para uso doméstico – como furadeira, lixadeira treme-treme, serra tico-tico, plainadeira e serra circular – é muito diferente da distribuição de máquinas para oficinas mecânicas. Podemos empregar o mesmo raciocínio para as máquinas distribuídas para as serralherias: furadeiras, esmerilhadeiras, lixadeiras orbitais, parafusadeiras etc. Portanto, no momento que o consumidor, seja pessoa física ou jurídica, necessitar de um determinado produto, uma estrutura de distribuição adequada precisa estar disponível.

Aqui vemos novamente a influência do *marketing* no âmbito do assunto que ora abordamos, pois o "P" chamado de *place* – que é um dos componentes dos quatro Ps do *marketing: product, price, place, promotion* – foi traduzido por alguns autores como "DISTRIBUIÇÃO", embora também o traduzam como "praça", "ponto comercial" ou, mais voltado ao varejo, como "PDV".

É no PDV que grande parte das decisões de compra são tomadas. Conforme esclarece Blessa (2003, p. 39), 85% dos brasileiros decidem sua compra no PDV, embora para os consumidores de outros países esse percentual seja de 65%, em média. Mesmo assim, é um percentual bastante alto se considerarmos o enorme esforço empregado nas cadeias de produção, na distribuição, no *marketing* e na comunicação necessários para a venda do produto. Importante mencionar também que essa realidade é mais evidente para os artigos de alimentação ou uso pessoal – ou de consumo em massa. Com produtos industriais ou componentes para novos produtos, as decisões são muito mais complexas e elaboradas.

O tempo identifica o momento certo no lugar certo. Isso é um pouco difícil de se praticar pela empresa porque, em resumo, tornar a oferta do produto ou serviço disponível no local e no tempo mais adequado possível dependerá sempre de conciliar o nosso interesse com a conveniência da empresa distribuidora.

Podemos observar, então, a conveniência de um minimercado de bairro, que é mais acessível do que um supermercado e, obviamente, que um hipermercado. Temos, também, as lojas que atuam nos postos de combustíveis, que são denominadas de *lojas de conveniência* por atenderem aos consumidores num horário mais prolongado. Obviamente, o comportamento do consumidor nos Estados Unidos é diferente. Por exemplo: as lojas de conveniência 7-Eleven operam 24 horas, mas são instaladas nos bairros. No Brasil, isso nem sempre é possível devido à falta de segurança.

Intensidade de distribuição

Uma análise interessante na administração de vendas diz respeito à intensidade da distribuição, que pode ser classificada como intensiva, seletiva e exclusiva. A DISTRIBUIÇÃO INTENSIVA, como o termo sugere, implica produtos com alta demanda ou consumo intenso, a exemplo do pãozinho do café da manhã, bem como o leite e o refrigerante; nas indústrias, podemos ter como exemplo os combustíveis, a energia, a matéria-prima etc. Quanto à DISTRIBUIÇÃO SELETIVA, constitui-se de artigos cuja venda exige algum conhecimento específico, tal como as lojas especializadas em artigos esportivos, alimentos japoneses ou tintas e vernizes. Já a DISTRIBUIÇÃO EXCLUSIVA envolve produtos com alto nível de especialização ou sofisticação, a exemplo do Porsche e da Ferrari na indústria automotiva e das joalherias H. Stern e 18 Quilates.

Vantagens no uso de canais de distribuição

A vantagem competitiva e administrativa de uma empresa no uso de canais de distribuição está na possibilidade de ampliar a cobertura do mercado. Por exemplo: uma fábrica que precisa distribuir seus produtos num mercado bastante grande necessitaria de uma equipe igualmente grande de vendedores e supervisores para garantir a cobertura necessária. Utilizando-se de intermediários como atacadistas, distribuidores e *brokers*[a], a cobertura do mercado será

---

a. *Brokers* são intermediários que agem tanto em nome dos compradores quanto dos fornecedores, negociando preços e mercados de atuação, sem necessariamente se envolverem com o produto ou processo de pagamento.

atendida por um custo muito menor e, além disso, várias tarefas de *marketing* também serão transferidas para estes intermediários.

A Figura 1.1 ilustra essas vantagens mediante a comparação entre uma fábrica que não possui intermediários e pode atender apenas três clientes, com outra fábrica que possui três intermediários, os quais atendem a três clientes cada um, aumentando, dessa forma, a cobertura de mercado dessa fábrica.

Figura 1.1 – *Vantagens no uso de canais de distribuição*

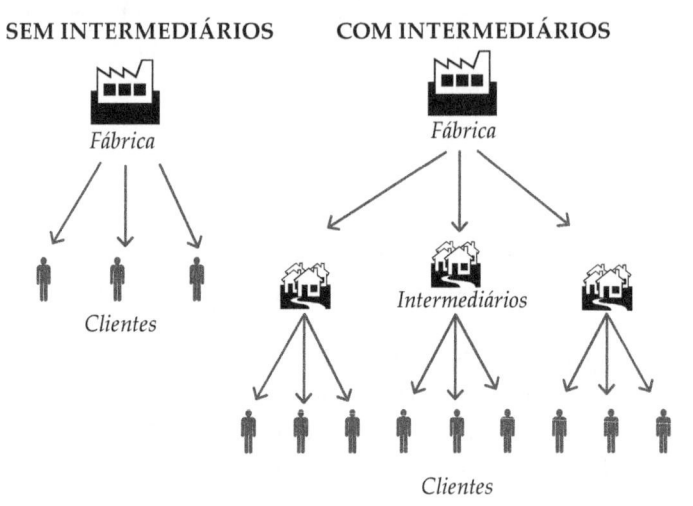

Varejo

O varejo é um dos últimos elos da cadeia de distribuição. É um intermediário que compra, recebe e estoca mercadorias para depois revendê-las aos consumidores finais, tanto pessoas físicas como pessoas jurídicas. Afinal, as empresas e as organizações em geral também compram produtos e serviços de varejistas.

Conforme Parente (2000, p. 22), o varejo "consiste em todas as atividades que englobam o processo de venda de produtos e serviços para atender a uma necessidade pessoal do consumidor final". O conceito de varejo é muito amplo. A primeira ideia que nos vem à mente são as lojas instaladas em ruas de movimento e em *shoppings*. Mas também há o varejo não instalado, que é virtual (pela internet) ou praticado por telefone, TV, máquinas ou vendedores que atuam porta a porta.

Fazendo uma ligação com o *marketing*, podemos ver que uma das preocupações dos profissionais dessa área é compreender o consumidor. O varejo desempenha exatamente esse papel. É o grande elo e a fonte de informação sobre os interesses, as necessidades e os desejos do consumidor. Mesmo que um produto seja importado, industrializado ou de produção agrícola, o retorno da informação do consumidor ao fabricante e ao fornecedor é imprescindível, pois assim ele mostrará o nível de satisfação ou insatisfação com o produto ou serviço adquirido. Quando atendidas as expectativas do consumidor, torna-se possível aumentar o seu nível de satisfação e de fidelidade. Por tudo isso, o varejo é fundamental para o sucesso de toda a cadeia produtiva e de distribuição.

Tomando emprestados os textos da área de *marketing*, podemos constatar que o mercado representa os consumidores de todo dia, que procuram os produtos e os serviços oferecidos pelos produtores. Antigamente, principalmente na Idade Média, chamávamos de *mercado* o local que abrigava uma série de tendas que ofertam gêneros alimentícios de primeira necessidade. Esse mercado situava-se junto à fonte de água da vila. Os camponeses ofereciam sua produção e os habitantes que buscavam sua água na fonte aproveitavam para adquirir frutas e alimentos em geral. Mas, hoje, sabemos que não é preciso estar fisicamente perto ou presente para realizar as trocas. Conforme esclarece Reichelt (2009, p. 21),

> *tradicionalmente, relacionamos o termo mercado com um local onde são feitas transações de compra e venda. Como exemplo, citamos as feiras de hortifrutigranjeiros que temos perto de casa como verdadeiros mercados a céu aberto, onde diversas mercadorias são transacionadas. Do ponto de vista do "marketing", entretanto, chamamos de "mercado" um determinado grupo de compradores.*

Tanto no atacado como no varejo e no serviço, a venda operacionaliza a movimentação de bens e serviços.

Varejo: variáveis controláveis

Como variáveis controláveis no varejo consideramos conveniente fazer referência aos 4 Ps do *marketing*, formulados por Jerome McCarthy e bastante divulgados por Philip Kotler. Embora não expresse com precisão o sentido imaginado por McCarthy, os 4 Ps designam, em português, os seguintes termos: produto, preço, praça (distribuição ou localização) e promoção.

Esses quatro Ps são considerados como VARIÁVEIS CONTROLÁVEIS OU FATORES INTERNOS da organização porque um empresário ou empreendedor no varejo pode administrar seus produtos com preço e valor da forma que ele entender conveniente e lucrativo. A escolha de um bom PONTO COMERCIAL também é um importante fator decisivo de sucesso do empreendimento. Além desses fatores, temos o composto promocional, que alavanca as vendas, o ponto comercial e as condições de pagamento com propaganda, publicidade, *merchandising*, promoção de vendas, relações públicas e assessoria de imprensa.

Obviamente, temos também fatores NÃO CONTROLÁVEIS no varejo ou, mais propriamente, fatores razoavelmente incontroláveis. Por quê? Porque sempre uma influência política ou de interesse econômico diferente, por exemplo, poderá influir nos fatores controláveis. Um exemplo bem conhecido de variável incontrolável é a legislação tributária. O empresário deve se submeter à legislação aprovada e imposta, tal como as regras de recolhimento de impostos sobre a comercialização de produtos, serviços e operações financeiras. Ocorre, no entanto, que por influência política, um setor (industrial ou comercial) pode ser beneficiado em detrimento de outro. Os fatores incontroláveis no varejo são na sua maioria bivalentes, pois ajudam uns e dificultam a comercialização para outros. Eles ocorrem na esfera econômica, política, legal, tributária, social, concorrencial e do próprio comportamento do consumidor. Temos ainda fatores incontroláveis, como o tempo e o clima, que podem beneficiar uma parte do varejo, a exemplo do comércio de roupas e acessórios para o verão durante semanas muito quentes ou ainda prejudicar o comércio de flores e mudas devido ao excessivo calor.

Atacado

O atacado pode ser um dos primeiros elos da cadeia de distribuição. Com o distribuidor, essa forma de venda é responsável por uma distribuição abrangente, mais do que uma indústria normalmente consegue assumir. Os atacadistas compram para revender e atuam com grandes estoques. Para tanto, especulam preços e prazos, escolhendo a dedo os seus fornecedores.

O varejo normalmente tem atuação local; no entanto, considerados os varejos virtuais ou representados por enormes redes, como Carrefour e Walmart, a abrangência é muito grande. Um papel hoje desempenhado pelos grandes centros logísticos. Os atacadistas quebram os grandes lotes de mercadorias que as indústrias produzem. E isso remete a um dos aspectos que diferenciam o varejo do atacado, pois o varejo atua com maior variedade e menor quantidade de mercadorias. Muitas vezes, o prazo de pagamento oferecido ao atacado é maior que o oferecido ao varejista pela fábrica.

A internet como canal

A internet não é propriamente um canal, mas um veículo de distribuição. As empresas que atuam com comércio eletrônico na internet – as chamadas *ponto com* – oferecem produtos e serviços. O fato é que o comércio eletrônico tem sido cada vez mais representativo em volume de vendas de produtos e serviços, bem como de valores envolvidos. A cada ano as estatísticas aumentam, conforme é possível observar na Tabela 1.1.

Tabela 1.1 – Evolução do comércio eletrônico no Brasil

Ano	Faturamento (R$)	Variação (%)
2009 (previsão)	10 bilhões	22%
2008	8,20 bilhões	30%
2007	6,30 bilhões	43%
2006	4,40 bilhões	76%
2005	2,50 bilhões	43%
2004	1,75 bilhão	48%
2003	1,18 bilhão	39%
2002	0,85 bilhão	55%
2001	0,54 bilhão	–

Fonte: eCommerceOrg, 2009.
Nota: Não inclui o comércio de automóveis, passagens aéreas e leilões *on-line*.

Talvez o mais comum seja identificar o comércio eletrônico na modalidade *business to consumer* (B2C, ou "empresa para consumidor"), quando na realidade a atividade mais intensa concentra-se na categoria *business to business* (B2B, ou "empresa para empresa").

Também cresce enormemente a negociação eletrônica nas compras realizadas pelo governo devido à facilidade, à rapidez e à possibilidade de comprar por meio de pregão (leilão invertido, em que o vendedor que apresentar o menor preço ganha o pedido do comprador).

Os negócios podem ser locais, nacionais ou mundiais. Com a facilidade de uso do cartão de crédito, o comércio eletrônico tornou-se viável no mundo todo. O brasileiro compra, por exemplo, na enorme e pioneira livraria Amazon.com, dos Estados Unidos, e paga com seu cartão de crédito brasileiro, passando seus números ao *site* do vendedor. Obviamente, é necessário checar a segurança da operação.

Em suma, a internet pode ser reconhecida como um canal de varejo e de serviços. Podemos programar uma viagem completa usando a internet, por exemplo, obtendo desde informações básicas até a marcação de passagens aéreas e a reserva de hotéis.

E há uma tendência de que, nos próximos anos, a internet se torne um veículo ainda mais importante no que diz respeito ao comércio eletrônico, dado o significativo crescimento previsto para os próximos anos. Assim, vemos vários fatos:

- aumento crescente no volume de negócios na área de B2B;
- utilização da internet como veículo de *marketing* e de vendas;
- utilização dos *sites* para prestação de serviços;
- crescimento do hábito de compras via internet;
- incremento dos investimentos de *marketing* pelas corporações na internet;
- incremento de opção de compra *on-line* ou *off-line* (sistema tradicional de varejo).

Atividades

1. Porque o *marketing* exerce um papel tão importante para o varejo? Explique.
2. Qual a vantagem de uma fábrica ao utilizar um complexo canal de distribuição? Explique.
3. Por que o varejo eletrônico passa a ser tão importante nas compras governamentais? Explique.

(2)

Administração de vendas

Neste capítulo, começamos a nos posicionar melhor em torno do tema ADMINISTRAÇÃO DE VENDAS. Para isso, entre outros temas, abordamos o planejamento estratégico, explorando três planos muito importantes: o plano de negócios, o plano de *marketing* e o plano de vendas.

No PLANO DE NEGÓCIOS, temos normalmente definidos:

- a missão;
- os objetivos;
- as estratégias da organização.

No PLANO DE *MARKETING* temos:

- a análise da situação de mercado;
- a segmentação de produtos, o mercado em que se trabalha e seu respectivo público-alvo;
- o composto de *marketing* num todo.

No PLANO DE VENDAS, temos:

- o acesso ao mercado;
- o relacionamento de contas de clientes;
- o orçamento a cumprir.

(2.1) Panorama da administração de vendas

Cabe observarmos, inicialmente, as principais tarefas executadas no âmbito da ADMINISTRAÇÃO DE VENDAS:

- seleção de clientes, também chamada de *prospecção*[a] *de clientes*;
- organização da força de vendas;
- preparação da estimativa e da previsão de vendas;
- recrutamento e seleção da força de vendas;
- treinamento da equipe;
- remuneração, também chamada de *programa de compensação*;
- motivação da estrutura de vendas;
- planejamento de territórios.

Alguns parâmetros para medição dos resultados alcançados com a ADMINISTRAÇÃO DE VENDAS são:

- o volume de vendas em quantidades e em valores monetários;
- os lucros;
- a fatia do mercado alcançada – também designada como *market share*;
- a satisfação dos clientes.

Já a avaliação das ações é realizada por:

- medida de *performance* e objetivos alcançados;
- análise de custos e de vendas;
- avaliação da perda de vendas para concorrentes e competidores;
- avaliação de fatores pessoais.

---

a. Prospecção vem do latim, *prospectio*, significando "olhar adiante" ou "olhar para o futuro". Em *marketing*, o termo designa o ato de sondar potenciais clientes.

Também é importante que os resultados da avaliação retornem para a revisão dos planos estratégico, de *marketing* e de vendas. Chamamos isso de *feedback*[b].

Marketing *tradicional* versus marketing *relacional*

O MARKETING TRADICIONAL é o que deu origem ao conceito. Pode ser considerado o mais velho, mas não é ultrapassado e não tem mais do que quatro décadas no Brasil. Portanto, comparando com outras "ciências", o *marketing* é novíssimo. O MARKETING RELACIONAL é mais atualizado porque envolve mais as pessoas: clientes, consumidores, pessoal de vendas, colaboradores da organização e parceiros (fornecedores e terceiros envolvidos com os propósitos da empresa).

O objetivo final do MARKETING TRADICIONAL é fazer a venda e encontrar o próximo cliente. Já o MARKETING RELACIONAL objetiva criar e manter um relacionamento duradouro com os clientes, além de satisfazer o cliente, entregando-lhe um valor superior, ou seja, o valor percebido. Por exemplo: o consumidor observa que a mercadoria que adquiriu foi embalada melhor do que de costume, isto é, o consumidor percebe mais valor nessa transação do que usualmente.

No MARKETING TRADICIONAL, o crescimento das vendas se fundamenta basicamente da conquista de novos clientes; já no MARKETING RELACIONAL, o crescimento das vendas se baseia na solução de problemas dos clientes e na melhoria da oferta.

No MARKETING TRADICIONAL, o fornecedor é valorizado apenas por seus produtos, serviços e baixos custos. No MARKETING RELACIONAL, o foco está além do MARKETING TRADICIONAL, incluindo desde a solução de problemas até os incentivos voltados ao aumento de vendas e lucros.

Estratégia do composto de marketing

Vamos imaginar uma organização como um todo. Dentro dessa organização temos a ÁREA DE VENDAS, que pode ser representada por três grandes compostos para serem administrados e possibilitarem que se alcance um determinado público-alvo (ou seja, o cliente, freguês ou consumidor):

- o composto da OFERTA com produtos, serviços e preços;
- o composto PROMOCIONAL com a propaganda, publicidade, promoção de vendas, *merchandising*, relações públicas, assessoria de imprensa, mala direta, *telemarketing* etc.;
- o composto de LOGÍSTICA com a administração dos canais de distribuição, armazenagem e movimentação das mercadorias, dos serviços e das pessoas.

---

b. *Feedback* é um termo de origem inglesa – *feed*, alimentar; *back*, para trás e tem o sentido de realimentação ou retroalimentação, referindo-se ao retorno de informações para revisão de processos e procedimentos.

Diferenças entre vendas e marketing

No *marketing*, temos como objetivo atender às necessidades e aos desejos do público-alvo. Utilizamos como meio o *marketing* integrado, no qual se inserem as vendas com o objetivo de se obter lucros decorrentes da satisfação dos consumidores. Assim, podemos constatar que as vendas são parte das ferramentas de trabalho para as ações executivas do *marketing*. Além disso, a venda é um dos elementos do composto de comunicação e promoção.

Nesse aspecto, surge normalmente uma dúvida sobre o que denota maior importância para a organização: o *marketing* ou as vendas? Naturalmente, pelas explicações apresentadas, a resposta leva a indicar o *marketing* como sendo o mais importante. Mas pode não ser. Por exemplo: se revelarmos que a empresa vai muito mal nos negócios e precisa dispensar uma das equipes, qual delas deverá ser desativada primeiro? *Marketing* ou vendas? Obviamente deve ser o *marketing*, porque sem vendas a empresa não sobrevive. As vendas são o sangue da empresa, elas fazem fluir tudo na empresa. São as vendas que trazem o dinheiro para a empresa. A organização pode sobreviver sem o *marketing* por algum tempo, mas sem as vendas, nunca.

As ferramentas promocionais

O termo *promoção* tem dois sentidos no âmbito do COMPOSTO PROMOCIONAL, a saber:

- como tradução de um dos 4 Ps – do inglês, *promotion*;
- como PROMOÇÃO DE VENDAS, integrando as diversas ferramentas do COMPOSTO DE PROMOÇÃO, que também denominamos de *composto de comunicação* ou *de divulgação*.

Podemos adotar as seguintes ferramentas promocionais, sem esgotar as alternativas:

- assessoria de imprensa;
- *banners* em *sites* de busca;
- *bus door*, táxi, trem, metrô e lotação;
- convenções, congressos, seminários e outros;
- distribuição de amostras;
- feiras;
- *marketing* direto;
- *merchandising*;
- *outdoor, front light* e *back light*;
- patrocínio de eventos;

- promoção de vendas;
- propaganda;
- publicidade;
- relações públicas;
- *telemarketing*, televendas;
- venda pessoal.

A venda pessoal

A venda pessoal diz respeito à venda realizada diretamente por um vendedor, ou seja, o sistema tradicional de vendas. Imagine o vendedor árabe em um bazar no Oriente Médio: ele oferece, mostra o produto, negocia, é gentil e precisa realizar a venda. Do contrário, fica frustrado. Isso faz parte da cultura árabe. Não existe exemplo mais claro de venda pessoal.

O vendedor atual, de produtos mais técnicos, que necessita argumentar e convencer o comprador para concretizar a venda, desempenha o mesmo papel. Não existe propaganda ou, em termos técnicos de *marketing*, uma FERRAMENTA PROMOCIONAL mais eficiente e eficaz. A essência da VENDA PESSOAL é a comunicação individual e pessoal em lugar de outros meios promocionais. Por exemplo: a vitrine de uma loja vende, mas não pode ser comparada a um vendedor. Uma oferta publicada no *site* de uma empresa comercial pela internet oferece o produto, mas também não impacta da mesma forma como um vendedor que visita pessoalmente um futuro ou possível cliente (*prospect*). Exatamente por isso, até pouco tempo, a maioria das fábricas vendia seus produtos a distribuidores e a varejistas por meio de vendedores ou representantes – os vendedores normalmente são funcionários contratados pelas organizações e os representantes são autônomos; os vendedores recebem salário fixo e comissões, já os representantes recebem comissão ou salário se forem de uma empresa de representação.

Os seguintes assuntos são atinentes à equipe de vendas (também chamada de *força de vendas*): tamanho da equipe, zoneamento de vendas, organização do território, recrutamento e seleção, treinamento, remuneração, supervisão e avaliação.

Para alcançar todos os objetivos da empresa, é necessário que todos os elementos apresentados anteriormente, do composto de comunicação ao de promoção, trabalhem juntos. Cada elemento promocional possui suas próprias características e atinge seu público de diversas formas. Não basta impactar o comprador, é preciso convencer e ser agradável ao mesmo tempo. "Preparar o terreno" é fundamental para a realização da venda pessoal.

A VENDA PESSOAL é uma forma de comunicação de *marketing* de pessoa a pessoa, frente a frente. Empresa, propaganda, marca, produto e serviço envolvem a conversa entre o vendedor e o comprador, bem como a negociação, em que são discutidos os preços, os valores e as condições de pagamento e entrega. Encerrada a conversa, um agradecimento, um aperto de mãos ou até um "ranger de dentes" – quando a negociação foi prejudicial para um dos lados – fará parte da comunicação natural.

O tipo de negociação ideal é conhecida como GANHA-GANHA, em que tanto o comprador quanto o vendedor sentem-se recompensados. Mesmo assim, a negociação GANHA-PERDE ou PERDE-GANHA, que não apresenta bons resultados para um dos lados, é muito comum. PERDE-PERDE está fora de cogitação.

O principal objetivo de uma VENDA PESSOAL é educar e orientar os clientes. Obviamente, torna-se um processo complicado na medida em que o comprador for insensível ou não interessado. Também o vendedor pode estar na contramão do bom humor naquele dia.

Atualmente, a VENDA PESSOAL não apresenta mais as características de anos atrás, em que o maior objetivo era a venda. Vender sempre mais! Hoje o vendedor é um parceiro que veio para orientar e ajudar o cliente ou consumidor a resolver problemas ou a encontrar soluções mais eficientes e eficazes. Por exemplo: ele esclarece seus clientes quanto ao uso do produto, à sua conservação, à armazenagem, à movimentação e à assistência de *marketing*, como colocação de *displays*, demonstradoras, bandeirolas, *banners* etc. Também cabe uma atenção aos serviços de pós-venda e suporte aos compradores.

Para concluir essa abordagem sobre VENDA PESSOAL, é interessante identificarmos as suas vantagens e desvantagens. Vejamos as vantagens:

- alto nível de atenção do cliente;
- mensagem dirigida aos interesses e às necessidades dos clientes;
- retorno imediato sobre dificuldades ou bons resultados;
- comunicação de grande volume de informações técnicas e complexas;
- habilidade para demonstrar funcionamento e *performance* dos produtos;
- oportunidade para desenvolvimento de relações de longo prazo.

E, como desvantagens, temos:

- custa muito mais que as outras formas de promoção;
- o vendedor interage com um cliente de cada vez;
- pode não "agradar" o comprador, enquanto elementos promocionais neutros são impessoais;
- cada ação de VENDA PESSOAL exige horário compatível entre comprador e vendedor, enquanto os outros elementos são apreciados no horário conveniente somente ao comprador.

A comunicação integrada

O composto da comunicação, também chamado de *composto promocional*, é aplicado na preparação da venda. Podemos dividir a venda em dois extremos: bens de consumo e bens industriais.

Aos bens de consumo, a propaganda se mostra mais eficiente e eficaz e, aos bens industriais, mostra-se mais eficiente e eficaz a venda pessoal.

Como saber a dosagem exata ou ideal para um ou outro tipo de venda? Experiências passadas, planejamento antecipado e informações privilegiadas ajudam a montar um PLANO DE COMUNICAÇÃO que deve sempre levar em conta os prazos. Ou seja, no início do lançamento de um produto, adotaremos um plano de comunicação para depois utilizarmos outro mais conveniente e, talvez, um terceiro plano para sustentação do produto no seu ciclo de vida.

Clientes e produtos

Os clientes podem ser classificados segundo a modalidade de compra que fazem, as quais podem ser para consumo final e para revenda. Como categorias de clientes podemos apontar: consumidores, empresas, organizações não governamentais (ONGs), agências e órgãos governamentais, instituições etc.

Quanto aos produtos, eles podem ser classificados de vários modos:

- QUANTO À APLICAÇÃO – Industriais ou de consumo.
- QUANTO AO COMPORTAMENTO DE COMPRA (CONSUMO) – Conveniência, compra comparada e de especialidade.
- QUANTO À DURABILIDADE E TANGIBILIDADE – Bens duráveis, bens não duráveis e serviços.
- QUANTO AO USO (INDUSTRIAIS) – Bens de capital e equipamentos e acessórios, matéria-prima e componentes, outros suprimentos e materiais e serviços.

(2.2) Fases da venda

A venda de produtos e serviços envolve, no mínimo, três fases – a prospecção, a abordagem e a negociação – conforme é apresentado a seguir.

Fase 1: prospecção

A primeira fase de uma venda envolve a localização e a identificação dos clientes, os quais denominamos inicialmente de *prospects*. É preciso elaborar o perfil dos clientes, ou seja, descobrir quais são as suas preferências em termos de atendimento, produtos e serviços, assim como seus hábitos e outras características. Também é preciso elaborar uma listagem com os possíveis clientes de uma área geográfica – a chamada *lista de prospects*. Essa é a fase da qualificação da clientela potencial. É um trabalho de gabinete e não da equipe de vendas na rua.

Após isso, deve-se preparar a pré-abordagem, isto é, a definição dos objetivos a serem alcançados em cada entrevista. Preparam-se também as perguntas ocultas ao comprador ou potencial comprador, bem como possíveis respostas para as perguntas inevitáveis desse cliente.

Fase 2: abordagem

Finalizada a prospecção, o passo seguinte é a abordagem. A entrevista, também chamada de *visita ao cliente*, deve ser pré-agendada. Nessa fase, surgem situações novas: a secretária que foi simpática, marcou a visita, ou não; o tempo de espera na sala da recepção, que no jargão dos vendedores é chamada de *chá de banco*, em virtude de espera forçada e demorada; a troca de ideias e a atualização de informações de mercado entre vendedores e demonstradores das diversas empresas representadas.

Quando o vendedor ou representante encontra pela primeira vez o cliente ou comprador – o momento do "cara a cara" –, acontece um julgamento inicial e a explicação do intento da visita. Vendedor e comprador devem saber ouvir. Inicia-se também a explicação das necessidades e dos desejos do comprador e como o vendedor pode auxiliar na solução dos problemas – em relação aos produtos, serviços e benefícios advindos dessa relação. Desenvolver-se-á, então, uma relação profissional e muitas vezes de amizade.

Na apresentação dos produtos e serviços, o vendedor deve deixar claras as principais características e os benefícios que o comprador obterá, além de informar os custos. A fala do vendedor ou representante nas primeiras visitas deve ser preparada para cada tipo de interlocutor. Muitas ofertas serão orais e, outras, também por escrito, o que dependerá da complexidade do produto. Equipamentos de alta tecnologia ou produtos que de algum modo envolvam um alto nível de complexidade podem exigir que o vendedor complemente a oferta com informações escritas. De qualquer forma, a VENDA PESSOAL representa uma grande alavanca promocional.

Fase 3: negociação

Após a apresentação da oferta, o vendedor poderá se deparar com objeções do comprador ou com alguma resistência à venda. Para contornar eventuais objeções ou resistência, o treinamento e a experiência se tornam fundamentais. Algo bem conhecido e disseminado na área de *marketing* é considerar cada objeção como uma oportunidade para uma nova oferta. Logicamente, isso nem sempre é possível, pois existem objeções claras, pontuais e difíceis de serem contornadas. Até porque existem momentos em que se torna necessário definir limites na oferta, de modo a posicionar o produto ou o serviço ofertado. Por exemplo: o potencial cliente de uma óptica faz objeções quanto à compra de uma armação de óculos, considerando que o preço é muito alto. Se a armação de óculos for de alta qualidade ou de uma marca famosa, seria um contrassenso cobrar um baixo preço pelo produto, pois isso seria desmerecer a qualidade deste. Nesse caso, o possível cliente estaria não reconhecendo o valor agregado do produto.

Contornar objeções reais também é tarefa do vendedor. Contornar pseudo-objeções como "eu ligarei para você", também. Na verdade, nada de novo se estabelece. Mudam os produtos, mudam os vendedores e compradores, mas a cena se repete diariamente.

E o fechamento do negócio? Qual o momento ou a ocasião ideal para identificar a hora certa para o vendedor iniciar o fechamento? Esse momento é crucial. Várias técnicas de fechamento são conhecidas. Uma delas é apresentar várias alternativas relacionadas à compra, como ofertas de cores ou condições de pagamento em que o vendedor "faz de conta" que o consumidor já decidiu pelo produto.

Em suma, há vários indícios que permitem ao vendedor identificar quando encaminhar o fechamento. Por exemplo: na oferta de calçados femininos para um varejista, antes de preencher o pedido, o vendedor pode perguntar ao comprador qual a quantidade pedida para o tamanho 37 e qual para o tamanho 36. Com isso, vai partir dele, vendedor, a suposição de que o comprador está apto para fechar pedido. Também temos o fechamento sumário de vendas, em que o vendedor vai repassando logo os benefícios que tal compra trará à empresa ou ao consumidor final.

Uma vez efetivada a venda, é importante observarmos que a relação entre vendedor e comprador não termina, pois há a atividade de pós-venda. Sempre é bem-vindo um leque de serviços pós-venda. A grande dúvida está em quanto o vendedor pessoal se envolve e repassa ao comprador todas as informações sobre o produto e as condições do negócio. Pode estar aí o grande segredo do sucesso de um vendedor perante outro menos brilhantes, cuja maior preocupação é fazer apenas vendas imediatas, sem atentar para as vendas futuras para um mesmo cliente. Afinal, um comprador não se sentirá satisfeito se, após fechar um negócio, encontrar dúvidas ou, por algum motivo, arrepender-se do negócio. Um exemplo claro de pós-venda é oferecer garantia e assistência técnica, o que é sempre bem-vindo pelo comprador – e até se tornou uma condição *sine qua non*[c] para que um mesmo cliente feche novos negócios.

(2.3) O *checklist* do vendedor e do comprador

A vida do vendedor e, por consequência, do comprador pode ser muito facilitada quando, antes da visita, o profissional de vendas usar o *checklist* ou as DEZ QUESTÕES DO VENDEDOR:

- Qual o tamanho do negócio que pretendemos visitar? Qual o seu potencial?
- Que linhas de produtos e serviços podem ser vendidos e que mercados são servidos?
- Quem são os principais executivos e pessoas-chave na organização?
- Quais são os procedimentos e rotinas de compras?
- Quem são os concorrentes?
- Quais os produtos similares que podem interferir na nossa oferta?
- Já tiveram alguma experiência anterior com nossa empresa vendedora?
- De quem estão comprando presentemente?
- Quais são as possibilidades em termos de volume comprado?
- Onde, como, quando, porque e por quem os produtos serão utilizados?

Por conseguinte, também há as DEZ QUESTÕES DO COMPRADOR, e o vendedor também deve estar preparado para respondê-las. São elas:

- O que você está vendendo?
- Por que eu preciso disso?
- Que empresa é a sua?
- Quanto isto vai custar?
- Quem mais está usando isso? Eles estão satisfeitos?
- Que tipo de pessoa é você?
- Como a sua solução se compara com as outras alternativas?
- O seu preço é realmente competitivo?

---

c. *Sine qua non* é uma expressão do latim que significa "sem o qual não", indicando algo indispensável ou uma condição que não pode sofrer mudanças ou ser diferente.

- Por que eu preciso disto agora?
- O que você oferece em termos de suporte e serviço?

Atividades

1. O que você entende por MARKETING TRADICIONAL e por MARKETING RELACIONAL? Qual a importância destes dois tipos de *marketing*?

2. Explique com suas palavras a importância das vendas dentro do *marketing*.

3. Marque com um (V) o que pode ser considerada uma vantagem da VENDA PESSOAL sobre as demais ferramentas promocionais e com um (D) o que for considerado uma desvantagem.
   ( ) Comunicação de grande volume de informações técnicas e complexas.
   ( ) Oportunidade para desenvolver relações de longo prazo.
   ( ) Custa muito mais que as outras formas de promoção.
   ( ) O vendedor interage com um cliente de cada vez.
   ( ) Mensagem dirigida aos interesses e às necessidades específicos dos clientes.

(3)

A organização
da força de vendas

A gerência de vendas exerce um papel fundamental na empresa. Conforme esclarecem Moreira et al. (2001, p. 60), os profissionais dessa área têm entre suas atribuições a necessidade de conhecer o mercado, assim como de levantar informações sobre os clientes. Também atua na elaboração e/ou atualização do PLANEJAMENTO ESTRATÉGICO da empresa. Para tanto, o gerente deve identificar os pontos fortes e fracos e as ameaças e oportunidades mercadológicas da empresa.

Obviamente, o gerente precisa ter domínio sobre os produtos e os serviços que sua empresa oferece, bem como deve conhecer os produtos e os serviços da concorrência direta – que concorrem com produtos iguais ou, de forma ainda mais ameaçadora, com produtos similares aos de sua empresa.

As atuais tendências nos mostram uma maior amplitude de controle sobre a força de vendas e uma menor escala de níveis hierárquicos. Ao organizarmos a força de vendas, deparamo-nos com menos possibilidades de promoção hierárquica e muito mais habilidades gerenciais necessárias. Outra questão é a centralização de poder ou descentralização do recrutamento, seleção, treinamento, remuneração, motivação e avaliação da força de vendas. A descentralização é importante por possibilitar o atendimento de diferentes segmentos e aspectos, como a competitividade. É preciso mais tempo com o foco no gerenciamento da equipe de vendas, mesmo "com um olho" nas atividades anteriormente descritas.

(3.1) Princípios da organização da força de vendas

A FORÇA DE VENDAS precisa se relacionar com praticamente todos os departamentos. Porém é notória a sua integração com o Departamento de Pesquisa e Desenvolvimento da empresa, de modo que possa acompanhar e sugerir alterações quanto a produtos e serviços. No *marketing*, como já mencionamos nos capítulos anteriores, a FORÇA DE VENDAS contribui com a seleção de canais de distribuição das mercadorias mais convenientes, assim como colabora também na propaganda, na publicidade, na promoção de vendas, no *merchandising* e em outros, sempre na seleção de temas da publicidade em si. No campo da produção, participa da previsão de vendas, na caracterização dos produtos etc. Na logística, apoia a programação de entrega, armazenagem, movimentações de produto e de pessoas. Na contabilidade e nas finanças, auxilia na definição e no cálculo dos preços, no crédito de clientes, na cobrança etc. Também apoia a definição do sistema de remuneração da equipe.

Especialização

A especialização da FORÇA DE VENDAS pode dizer respeito tanto aos vendedores próprios, e, nesse caso, os funcionários da organização, como aos representantes que não possuem vínculo empregatício.

A especialização pode ser geográfica, por produto ou por cliente:

- GEOGRÁFICA – As linhas de produto oferecidas são diferentes para o interior e para o litoral, por exemplo. Num estado, como o de Santa Catarina, o consumo de farinha de mandioca no litoral é muito maior que no interior. Um exemplo maior está em produtos adequados ao nordeste e ao sul do Brasil. Não só produtos isolados, mas toda uma linha de produtos que possuem um grupo homogêneo de consumidores.

- Por produto – A empresa possui linhas de produto grandes, variadas ou complexas. Podemos citar como exemplo a comercialização de veículos e de caminhões da Volkswagen, que atua com revendedores autorizados específicos para os automóveis e específicos para os caminhões.

- Por cliente – A venda é orientada para o mercado no âmbito do *marketing* de relacionamento, em que a participação do cliente na escolha dos produtos ou serviços é significativa e imprescindível. Um exemplo são os representantes ou vendedores de artigos alimentícios, como macarrão, cuja venda é segmentada para clientes supermercadistas, de armazéns ou minimercados.

Uma superespecialização pode ser exigida para vendedores ou gerentes, os quais precisam ter uma qualificação acima da média – no caso de clientes compradores de grandes redes de hiper e supermercados como Walmart, Carrefour, Pão de Açúcar e Zaffari, por exemplo.

A especialização é chamada de *funcional* quando existe foco nas tarefas ou funções diferentes exercidas. Por exemplo: uma equipe de laboratoristas que desempenham a função de propagandistas de laboratórios de medicamentos. Eles visitam regularmente os médicos, apresentando os novos medicamentos, explicando suas virtudes e ações no organismo humano. É uma função indireta de vendas. Eles preparam a venda que depois acontecerá na farmácia por conta de uma receita dada pelo médico.

Obviamente também há equipes de vendas com duas ou mais especializações. Um exemplo é a venda de autopeças, em que os vendedores precisam ser segmentados por tipo de produto, por territórios e exercer atividades funcionais, tal como explicar a utilidade do produto, pesquisar o crédito do cliente e preencher formulários, entre outras.

Telemarketing

Quando não utilizamos vendedores que visitam presencialmente os clientes, podemos utilizar vendedores cujas vendas ocorrem exclusivamente por telefone. O sistema dessa força de vendas é chamada de *telemarketing*. É o estabelecimento de contatos com clientes utilizando tecnologia de telecomunicações para a realização de venda pessoal sem contato direto, ou seja, face a face.

Em alguns casos de telemarketing, é possível usar também o termo televendas, porque o sistema de telefonar ao provável cliente (*prospect*) nos horários de descanso pode ser considerado, no mínimo, uma afronta, o que contradiz o *marketing*. Existe um sentimento bastante forte de revolta por parte dos consumidores ao atenderem telefonemas ao sábado à tarde ou até no domingo. É um "antimarketing". No entanto, o resultado desse sistema de vendas é significativo e a sua eficiência é inegável.

Temos também o serviço de atendimento ao consumidor, um verdadeiro serviço de *telemarketing*, que ocorre com o telefonema de pós-venda realizado por algumas organizações que consultam se o atendimento foi bom, se permanece alguma dúvida ou se podem auxiliar o cliente em alguma coisa a mais. Esse é o verdadeiro espírito do *marketing*. Esse consumidor, que consegue perceber a sua importância para a organização, poderá vir a ser um divulgador da sua eficiência e sua eficácia. Afinal, sabemos que o mal atendimento, ou a sensação de que um serviço que não atendeu às expectativas do consumidor, redundam em péssimas recomendações na propaganda boca a boca da população.

Além disso, há a prospecção e a qualificação de clientes por telefone, o que permite a identificação de potenciais clientes. Um exemplo é um açougue de bairro que contrata uma equipe de *telemarketing* para contatar todos os moradores da vizinhança, com o intuito de conhecer as suas preferências por carnes. Podemos identificar com isso a viabilidade de comercializar um tipo específico de carne. Na retenção de clientes, estamos muito próximos dos serviços de pós-venda. Todo o trabalho específico de retenção de clientes visa tornar a organização mais simpática e assegurar a sua continuidade como cliente.

O custo da pesquisa por telefone pode ser barateado ao se utilizar o *telemarketing* para divulgar o produto, a empresa ou o serviço com propaganda e promoções. Além do *telemarketing*, temos os agentes de vendas independentes, que são os representantes e que desenvolvem um trabalho rápido de abertura de novos mercados. Muitas vezes, ao contratar um representante de uma linha de produtos, esse profissional já possui uma boa experiência, assim como clientes fiéis a ele. É "voz corrente" que o representante que possui uma boa carteira de clientes pode, rapidamente, dar cobertura a uma nova região de clientes. Representantes também trabalham muitas vezes com vários "representados" – diz-se no jargão de vendas que o representante trabalha com "várias pastas", sendo que estas representam fábricas diferentes, mas interligadas. Por exemplo: um representante de luminárias e abajures pode também estar representando uma fábrica de lâmpadas. Assim, ao visitar determinado cliente, o representante pode oferecer, além das luminárias, também lâmpadas e talvez uma terceira linha de produtos afins, como tomadas, chaves e interruptores. Desse modo, a negociação poderá ser típica do "ganha-ganha". Ganha o varejista em atender a um representante em vez de três; ganha o representante, que representa três fábricas em uma só visita.

Quantidade de vendedores

No cálculo da quantidade de vendedores ou representantes necessários para cobrir determinada área, são considerados vários fatores. Um deles diz respeito ao nível do serviço que precisamos prestar ao cliente. Por exemplo: os vendedores devem pesquisar o potencial de crédito do cliente antes de oferecer os produtos, tornando, dessa forma, a venda mais segura ou garantida. Outro exemplo: o vendedor de uma empresa de produtos alimentícios precisa verificar na loja do cliente quantos itens ainda sobram na gôndola ou que volume o cliente tem vendido em determinado período e, depois disso, deve calcular o volume de venda mais adequado possível. A responsabilidade pela venda e pela compra, no caso de um supermercado, é tanto do varejista que compra quanto do vendedor que fornece. Não deve haver estoque desnecessário, já que o fornecedor pode entregar a qualquer momento mais estoque, diminuindo o custo para o varejista, nem haver quebra de estoque, que é chamado de *ruptura de estoque* toda a vez em que falta o produto na prateleira. O trabalho resulta numa parceria.

Também é necessário identificar o número de clientes que serão ou podem ser visitados por um vendedor. Qual o número de clientes em potencial que existe em cada rota ou território? Clientes em potencial demoram mais para serem visitados, pois compram mais do que os outros, que recebem a visita mas dão pouco resultado. Qual o número ideal de visitas que cada cliente pode ou aceita receber? E, por fim, qual a duração média de visitas, já que dependendo do produto ou da linha de produtos oferecida, temos maior ou menor demora na visita? Assim, calcular o número de vendedores para atingir determinado volume de vendas e atender a um bom número de clientes é uma arte, além de ser muito importante para a empresa.

(3.2) Território

A ideia do tamanho ideal de um território de vendas envolve muitas variáveis. Uma delas é o cálculo do ponto de equilíbrio entre o custo de cada visita e o resultado que cada uma pode trazer. Esses resultados por visitação são muito relativos.

Em vendas, o objetivo mais conhecido está calcado no volume de vendas – vender, vender sempre mais! Mas pode ser VENDER BEM, com acompanhamento duradouro e garantia ao cliente, pois sai mais barato preservar um cliente do que abrir novos clientes – o que exige propaganda, visitas, investimento e, enfim, o custo é muito maior.

Depois devemos descobrir a lucratividade por território. Ela é medida pelo custo de transporte do vendedor – como combustível gasto ou passagens utilizadas, depreciação do veículo e tempo despendido. O pedido preenchido exige quantidades mínimas e o formulário ou outro meio qualquer também gera custo. E os serviços prestados pelo vendedor ou representante com as visitas e as condições de pagamento também geram custos.

Por outro lado, qual a cobertura de territórios, ou seja, planejamento de roteiros ideal? A cobertura de territórios envolve o traçado de rotas que serão percorridas pelos vendedores. Algumas experiências nos dizem que uma rota deve ser, se possível, circular, isto é, não deve se cruzar. Assim, uma mesma rota não deve ser usada para ir e vir de um cliente, a não ser que seja um cliente importante e esteja localizado em um ponto bastante isolado.

As áreas vizinhas devem ser visitadas em sequência. Há uma experiência sempre muito bem estudada na área de logística, que diz respeito às rotas percorridas pelos caminhões da Ambev e da Coca-Cola. Como eles são grandes e vistosos, também cumprem o papel de fazer o *merchandising* da companhia. Com isso, todos podem acompanhar e entender a complexa tarefa de montar roteiros. Os vendedores e os representantes tradicionais possuem um carro, ou moto, e um terminal de informática na mão, ou somente o talão de pedidos com uma calculadora.

(3.3) Portfólio de análise (tamanho mínimo de conta)

Um portfólio de análise é necessário para conhecermos o potencial de cada cliente. Para isso, contamos com duas grandes variáveis: uma chamada de *posição competitiva*, que pode variar de FORTE a FRACA; outra chamada de *oportunidade de conta*, que varia de BAIXA para ALTA. Por CONTA entendemos o cliente – cada cliente é uma conta. Apresentamos essas duas variáveis no Quadro 3.1, que dispõe a POSIÇÃO COMPETITIVA na linha horizontal, com os pontos fortes à esquerda e os pontos fracos à direita; e, na linha vertical, a OPORTUNIDADE DA CONTA, com variação de alta oportunidade para baixa oportunidade, de cima para baixo.

Quadro 3.1 – Portfólio de análise (tamanho mínimo de conta)

		Posição competitiva	
		Forte	Fraca
Oportunidade da conta	Alta	As contas dos clientes devem receber investimentos para que se tire vantagem da oportunidade conquistada e se mantenha ou melhore a posição.	Analisar o reforço da posição competitiva da força de vendas, se possível. O cliente deve receber intensos investimentos de recursos para a recuperação de posição, já que existe alta oportunidade da conta.
	Baixa	Os clientes devem receber o investimento de recursos da força de vendas suficiente para manter a posição competitiva.	Investir o mínimo, adotar gradualmente as opções mais econômicas, como o atendimento por telefone ou o *marketing* direto, ou o atendimento deva até ser descontinuado.

(3.4) Recrutamento e seleção de vendedores

A necessidade de recrutar e selecionar pessoal para compor a FORÇA DE VENDAS dependerá, inicialmente, do crescimento nas vendas, do lançamento de novos produtos ou de mudança nas estratégias de distribuição. Esse e outros assuntos serão vistos no presente tópico.

Planejamento

Considerada uma empresa que atua com tintas para madeira, caso essa venha a incluir uma linha para vernizes entre seus produtos, por certo haverá um impacto na FORÇA DE VENDAS. O que isso vai exigir de pessoal na FORÇA DE VENDAS? Qual o *turnover*[a]? E quais as mudanças na organização da FORÇA DE VENDAS?

---

a. *Turnover* é uma palavra inglesa que diz respeito à rotatividade de pessoal, prevista ou já conhecida.

Além desses aspectos, o recrutamento e a seleção envolvem atividades como calcular o número adequado de candidatos a recrutar, de modo a assegurar a contratação do número certo de vendedores. Também implica observar o percentual de candidatos selecionados e o percentual de candidatos que aceitaram as condições que a empresa ofereceu para serem contratados, assim como a descrição do trabalho a ser desempenhado pelos vendedores, que inclui a análise completa das funções e das responsabilidades que eles devem assumir. Por último, quais as qualificações para o trabalho? É importante traçar as aptidões e as habilidades necessárias para o desempenho do trabalho.

Sobre o recrutamento, devemos observar o seguinte:

- é importante analisar as variáveis pessoais no que tange ao *background*[b] das pessoas. É um dos melhores indicadores do sucesso profissional;
- algumas habilidades gerenciais ligadas à organização e à liderança são essenciais;
- variáveis inatas, como nível educacional, inteligência e sociabilidade, nem sempre estão fortemente relacionadas ao sucesso de um vendedor profissional;
- características que podem ser influenciadas, como habilidades de vendas, motivação, entre outras, são mais determinantes para o sucesso do que as inatas;
- qualidades que melhor respondem à preferência dos compradores – sejam profissionais (das organizações) ou consumidores finais – são confiabilidade, profissionalismo, integridade e conhecimento do produto.

Recrutamento

O maior objetivo do recrutamento é encontrar e atrair os candidatos mais bem qualificados para executarem as atribuições relacionadas às vendas. Entre as alternativas para se encontrar candidatos, conta-se com:

- Anúncios classificados em jornais – É a forma mais utilizada. Muitas vezes utiliza-se o anúncio cego, que não revela a identidade da empresa que está recrutando.
- A própria empresa – Funcionários que executam diferentes funções nas empresas podem ter interesse e aptidões para ocupar o cargo de vendedor.

---

b. *Background* é uma palavra inglesa que, no contexto aqui utilizado, indica os antecedentes de uma pessoa, considerado o seu histórico profissional e familiar, entre outras informações a ela relacionadas.

- INDICAÇÕES – Os próprios funcionários da empresa indicam candidatos potenciais.
- AGÊNCIAS DE EMPREGO – Têm a função de anunciar, entrevistar e recrutar.
- UNIVERSIDADES – Locais nos quais podem ser encontrados *trainees*[c].
- CLIENTES E FORNECEDORES – Podem ser boas fontes de indicação de potenciais vendedores.
- CONCORRENTES – Resguardando-se as questões éticas, podem ser uma boa fonte quando os recursos de treinamento de determinada área técnica são escassos.

Seleção

Na seleção dos candidatos recrutados, o principal objetivo é chegar a um grupo de pessoas qualificadas. É o chamado *processo de filtragem sequencial*. Entre as fases do processo de seleção, podemos citar, principalmente:

- Preenchimento de formulários para colher informações pessoais, incluindo nível educacional, experiências passadas, progresso em cargos e salários etc. É utilizado para seleção e como fonte de informações.
- Entrevistas pessoais para identificar as habilidades interpessoais. Na primeira fase, eliminam-se os candidatos que se expressam mal, demonstram algum sinal de imaturidade e não são suficientemente apresentáveis. Na segunda fase, são entrevistados os candidatos por profissionais da área de vendas.

> Os profissionais que veem a área de vendas como uma carreira, e não apenas como um degrau na sua formação, são mais bem-sucedidos na profissão.

Na fase de entrevista existem muitas formas e sugestões de perguntas a fazer. Não existe um modelo eficiente e seguro para toda e qualquer seleção de candidatos. Existem perfis mais ou menos adequados para uma ou outra função. Dependemos também do momento pelo qual a empresa passa. Ela está selecionando vendedores pela primeira vez ou deseja acrescentar novos vendedores ao seu time? Para isso, é necessário analisar a compatibilidade de gênios e os

---

c. *Trainee* é um termo inglês utilizado para designar os jovens recém-formados que ocupam um programa de treinamento normalmente oferecido por grandes empresas, com possibilidade de fazerem carreira.

procedimentos atualmente adotados. Ou estamos abrindo uma nova frente de trabalho? Em todo caso, podemos sugerir as seguintes perguntas típicas:

- Qual o trabalho mais motivador que você já teve de realizar?
- Ao pensar em pessoas, de quem você gosta? E do que você mais gosta nelas?
- Até o presente momento, qual foi a maior frustração pela qual você já passou?
- Por que eu deveria contratá-lo?
- Venda-me essa caneta!

O processo final da seleção envolve checagem das informações, já que sabemos que boa parte dos candidatos omite ou altera dados sobre as suas experiências, salários e responsabilidades.

Os testes devem ser adequados ao desempenho desejado. Inteligência e habilidade em aprender podem ser traços desejáveis à função, bem como a empatia e o *ego-drive*[d].

Ao contratar um vendedor, devemos evitar profissionais cujo perfil tenha proximidade com o de gerente de vendas, bem como profissionais que não demonstrem a verdadeira intenção de vender.

E na avaliação:

- estabelecer critérios para medir o desempenho;
- identificar o perfil dos profissionais mais bem-sucedidos;
- utilizar dados como critério para avaliação futura.

(3.5) Treinamento

Os benefícios que o treinamento representa para uma organização são muitos. Podemos destacar os seguintes:

- MELHORAR O DESEMPENHO – Sem treinamento e aprimoramento contínuo, o desempenho dos vendedores tende a cair.
- REDUZIR O *turnover* – Diante do baixo desempenho e se deparando com pouca ou nenhuma melhoria nos resultados, os vendedores acabam desistindo ou são demitidos pela organização.

---

d. *Ego-drive* diz respeito à autocondução, à pessoa com iniciativa e conhecimento do que deve ser feito.

- Melhorar as relações com os clientes – Transformar o vendedor num consultor de vendas e solucionador de problemas. Temos como exemplo os vendedores atuais de tintas automotivas, que precisam conhecer tecnicamente o produto, identificar as diferentes necessidades do consumidor e as alternativas viáveis quando o veículo já tem sua tinta mais queimada pelo sol.
- Elevar o moral dos vendedores – O treinamento permite que os vendedores tenham mais autoconfiança e entusiasmo com o que fazem, assim como possibilita melhores condições para que estes lidem com eventuais desapontamentos, frustrações e desafios.
- Tratar melhor os clientes – Dependendo da empresa e dos produtos que vende, este pode ser um importante fator de sucesso ou fracasso.
- Aumentar as vendas – É o fim último da empresa e, obviamente, está entre os principais objetivos do vendedor.

O início do treinamento passa pelo levantamento das necessidades da organização, entre as quais a maior parte se encontra normalmente bem clara e definida. Há, porém, desejos não tão claros por parte da empresa ou da chefia de vendas. Por exemplo: como manter a motivação de uma equipe de excelentes vendedores de produtos químicos usados na agricultura, sendo que a mesma equipe possui uma sensível consciência ecológica? São muitas vezes características incompatíveis, mas existe o desejo da empresa de tentar um modelo inédito que muito beneficiaria a sua reputação.

As necessidades, que algumas vezes se encontram travestidas de desejos, podem ser representadas pelos seguintes itens:

- Quais são os objetivos administrativos? Mais ênfase nos clientes ou nos produtos? Falta orientação para um maior valor agregado? Para a assessoria técnica?
- Observação e pesquisa da força de vendas com identificação dos pontos a desenvolver.
- Informações informais dos clientes e resultado de pesquisas de satisfação.
- Dados da empresa por cruzamento de dados de desempenho com características do tempo de experiência e de conhecimentos específicos.

Outro aspecto a ser considerado é o planejamento, no âmbito do qual devemos pensar principalmente nos objetivos, que devem ser claros, bem como nos custos do treinamento. Algumas questões a serem respondidas nesse caso são: Quanto custará o treinamento no que tange ao tempo despendido pelas pessoas e às despesas diretamente associadas a ele? Quanto gastar no treinamento de vendedores novos? E quanto gastar para treinar os vendedores veteranos?

Haverá um custo provavelmente atrelado a cartas, manuais, vídeos, palestras e teleconferências. Esses gastos dependem da indústria ou do comércio em questão, do tamanho da FORÇA DE VENDAS, da rotatividade normal de pessoas, da filosofia da empresa e das suas estratégias de ação previstas.

Também é preciso determinar o tempo necessário ou ideal para o treinamento, assim como o conteúdo a ser explorado, o que dependerá do perfil dos vendedores e da equipe responsável pelo treinamento. Alguns tópicos a cobrir, nesse caso, podem ser:

- o conhecimento do produto, suas características, seus usos e suas vantagens;
- o conhecimento das necessidades e dos desejos dos consumidores;
- as melhores técnicas de vendas utilizadas ou já experimentadas;
- o estudo de mercado do produto ou serviço comercializado pela empresa, incluindo seus eventuais segmentos de mercado;
- as orientações que precisam ser repassadas aos clientes;
- outros assuntos pertinentes, como o uso de computadores, *laptop* e *palmtop*.

Onde treinar a equipe ou os vendedores? Devemos utilizar um modelo centralizado ou descentralizado? Podemos ou devemos desenvolver um treinamento em campo? Essas são questões que também devem ser respondidas ao planejarmos o treinamento. De acordo com as necessidades da empresa, pode ser muito interessante que o treinador acompanhe os vendedores na visita aos clientes.

Há vários meios de treinamento, como a simulação de vendas em que o curso de capacitação ocorre por meio de um "teatro" de vendas – e esse método é muito utilizado no treinamento de vendedores de lojas. Há o treinamento por jogos de raciocínio, em que o vendedor é impelido a raciocinar e desenvolver estratégias de ação, a exemplo do Chase Manhattan Bank e da Caterpillar. Podemos citar o treinamento por estudos de casos reais (ou propostos para o treinamento) em que são utilizados produtos bastante técnicos. Há também o treinamento que ocorre por meio de DVD, que apresenta um conteúdo-padrão, mais comum para treinamentos voltados a grandes equipes.

Quem deve treinar? Normalmente, os colaboradores mais especializados, quando o porte da empresa o permite. Outras vezes, o pessoal da linha de vendas ou de produção faz o treinamento. É comum que organizações maiores possuam um departamento de RECURSOS HUMANOS, com equipe própria de recrutamento, seleção e treinamento.

Também é comum que o treinamento tenha como foco o pessoal externo. Existe, porém, a dificuldade da falta de familiaridade com os produtos e as circunstâncias que envolvem as vendas em cada empresa; e eles nem sempre demonstram sintonia com as estratégias e a filosofia da empresa. Mesmo assim, o treinamento externo é melhor do que nenhum.

Um aspecto importante a ser considerado diz respeito à avaliação do treinamento. Uma vez concluído, torna-se necessária e conveniente a sua avaliação. Uma forma de fazer isso é enviar profissionais a campo, com grupos de controle, de modo a avaliar o desempenho dos vendedores. Além da observação do trabalho em campo, pode-se ainda aplicar uma pesquisa de satisfação junto aos clientes e aos vendedores, os quais também podem fazer uma autoavaliação do treinamento recebido.

Outro recurso utilizado é o *follow-up*, que é o acompanhamento do treinamento desenvolvido. É a realização de um reforço constante do treinamento ministrado ou um plano sempre atualizado de revisões e reforços no treinamento da equipe. Um *follow-up* deve ser implantado em todas as organizações de vendas com características próprias para as diversas equipes de vendas. Por exemplo: numa empresa que trabalha com linhas de embutidos e frios provavelmente há uma equipe de vendedores diferente da linha de laticínios e que demanda diferentes esquemas de *follow-up*.

Um último aspecto a considerarmos é o DESENVOLVIMENTO DE PESSOAS, que visa ajudar os colaboradores da empresa a desenvolverem suas habilidades, competências e contribuir pela mudança de comportamento e atitude. Esse desenvolvimento é formado por diversas atividades e, como resultado, parte da expectativa de ampliar o desempenho profissional e pessoal, assim como busca uma maior motivação e comprometimento dos colaboradores.

Atividades

1. A FORÇA DE VENDAS precisa se relacionar de forma mais intensa com vários departamentos de uma organização. Apresente, no mínimo, três departamentos em que ocorre esse relacionamento e explique a razão.

2. Justifique com suas palavras a importância do treinamento de vendedores. Quais benefícios para a organização podem advir desse investimento?

3. Diante de um estudo sobre o recrutamento de pessoas, identificaram-se importantes características recomendáveis para uma boa seleção de vendedores. Marque com um (V) as afirmações verdadeiras e com um (F) as falsas.

( ) Os traços preferidos pelos consumidores finais e profissionais são confiabilidade, profissionalismo, integridade e conhecimento do produto.
( ) Características que podem ser influenciadas, tal como habilidades de vendas e motivação, são mais determinantes para o sucesso do que as características inatas.
( ) Variáveis inatas, tal como nível educacional, inteligência e sociabilidade, nem sempre estão fortemente relacionadas ao sucesso de um vendedor profissional.
( ) É importante analisar as variáveis pessoais no que tange ao *background* das pessoas. É um dos melhores indicadores do sucesso profissional.
( ) Algumas habilidades gerenciais ligadas à organização e à liderança são essenciais.

(4)

Compensação, motivação
e gerenciamento de vendas

Neste capítulo, vamos dar continuidade ao assunto cuja abordagem teve início no Capítulo 3, que é a administração de vendas. Especialmente, veremos as formas de compensação pelo trabalho desempenhado pelos vendedores, também chamada de *remuneração*, assim como abordaremos aspectos relativos à motivação e ao gerenciamento das vendas.

(4.1) Tarefas da equipe de vendas

Podemos situar as tarefas executadas pela EQUIPE DE VENDAS em basicamente duas condições:

1. VENDENDO – Os vendedores e representantes precisam atingir o volume de vendas sugerido ou estabelecido nas cotas de venda com os produtos atuais da linha.
2. NÃO VENDENDO – Apresenta o lançamento de novos produtos e as suas vantagens e benefícios ao varejista, e também ao consumidor, quando for o caso. Atua na obtenção de novos clientes.

Uma das tarefas executadas pelo vendedor é resolver problemas, embora muitas vezes um problema surgido com o cliente não seja necessariamente culpa do vendedor, mas da empresa que ele representa, como vendedor ou como representante. Como exemplos de problemas, podemos citar os atrasos na entrega de mercadorias, os eventuais danos no transporte ou na embalagem, o prazo de pagamento não cumprido ou, pior, as duplicatas que são colocadas em cartório de protestos indevidamente. Nesses casos, o vendedor se depara com o que se conhece popularmente como "saia-justa", pois caso ele não resolva o problema do cliente, perderá a venda e, talvez, nem venha a ser atendido.

No cumprimento de suas tarefas, muitas vezes o vendedor precisa ser um bom ouvinte do cliente, mesmo que seja para ele desabafar sobre seus problemas pessoais. Outra tarefa importante desempenhada pelo vendedor, normalmente quando ele não está vendendo, refere-se a abrir novas frentes para os produtos ou serviços da empresa. Um exemplo seria a oferta de sementes de flores numa padaria. Nos Estados Unidos, um modelo de varejo bastante utilizado são as *drug stores* denominadas *walgreens*, que trabalham com medicamentos, filmes e revelação, lavanderia etc.

(4.2) Planos de compensação

Os planos de compensação mais conhecidos são: salário, comissão, bônus, concurso de vendas e benefícios pessoais. A seguir, vamos discorrer rapidamente sobre cada um deles apresentando suas características mais importantes.

Salário fixo

O salário motiva o esforço despendido pelo vendedor nas tarefas que não envolvem venda. Remunera pelas atividades funcionais, tais como a contagem de estoque, o preenchimento do pedido de compra, os diversos relatórios que são exigidos dos vendedores, além da pesquisa de campo sobre a posição dos produtos da empresa no mercado e a atuação da concorrência. O salário também possibilita ajustar as diferenças entre territórios, isto é, com o salário pode-se compensar um vendedor que dificilmente alcançaria uma boa comissão com o baixo potencial de clientes que possui num território sabidamente fraco. O salário permite, também, recompensar a experiência e a competência, o que acontece devido aos reajustes anuais de salário – e muitas vezes existe uma cláusula na convenção coletiva da categoria de trabalho que premia os funcionários com quatro ou cinco anos de casa.

Outra vantagem do salário é ele propiciar maior segurança para o vendedor, pois muitas vezes a comissão não alcança um patamar mínimo suficiente para a sobrevivência. Assim, o vendedor não depende do resultado das vendas. Por outro lado, a remuneração salarial também permite que a gerência de vendas tenha um maior controle sobre o vendedor, que sob o pagamento de salário poderá realizar outras tarefas além de vender. Também se torna mais fácil administrar e prever as despesas com vendas, ou seja, a empresa pode saber de antemão quanto sua equipe de vendas lhe custará ao mês, independentemente do volume de vendas.

Há, entretanto, algumas desvantagens quanto à opção de remunerar os vendedores com salário fixo. Uma delas é a pouca motivação dos vendedores para buscarem um maior volume de vendas. Além disso, exige maior supervisão da gerência de vendas, que precisa acompanhar muito mais a produção da equipe. Outra desvantagem é o custo da equipe, que pode se tornar muito alto à medida que os resultados sejam baixos. Explicando melhor, sabemos que se um vendedor ganha por comissão, o valor pago a ele oscila segundo o volume vendido; no entanto, com o salário fixo, o valor pago é independente desse volume. Desse modo, podem ser maiores os riscos financeiros da empresa, pois sob a eventualidade de baixas vendas haverá ainda o custo mensal dos salários fixos.

Comissão direta

A comissão é um modo de remunerar o vendedor proporcionalmente ao volume de suas vendas, por isso motiva pelo seu esforço. Quem vende mais, ganha mais. A comissão possibilita incentivar mais a venda de determinados produtos, aumentando o percentual pago. Por exemplo: um vendedor de azulejos e pisos cerâmicos pode estar ganhando uma comissão de 1% (um por cento) na venda da linha de produtos em geral; porém, em uma linha de azulejos mais sofisticada, o vendedor pode ganhar 2% (dois por cento). Assim, a gerência de vendas trabalha melhor o estoque da empresa e a lucratividade necessária para atingir as cotas estabelecidas.

O pagamento de comissão é recomendável quando os vendedores atuam predominantemente com vendas. Portanto, a comissão pode ser pensada como uma estratégia agressiva de vendas. Também é vantajosa quando não temos necessidade ou não podemos prover um grande controle sobre a equipe de vendas.

Pagar comissão pode ser típico quando a empresa opta pela contratação de representantes (sem vínculo empregatício) – o que pode ser desvantajoso por dificultar a supervisão dos vendedores, do mesmo modo que, muitas vezes, os representantes vendem produtos de diversas outras empresas.

Quanto às desvantagens, com o pagamento de comissão, a gerência de vendas possui um controle mínimo sobre a atividade do vendedor ou do representante. A cobertura do território passa a gerar dúvidas à medida que a empresa possua pequenos clientes, os quais podem ser ignorados pelos vendedores, considerada a menor comissão decorrente do pequeno volume de compras que fazem. Outra desvantagem é a insegurança financeira do vendedor, que se depara muitas vezes com uma certa imprevisibilidade quanto às vendas.

Uma das maiores dificuldades administrativas e de *marketing* para a empresa é a perda de controle sobre os clientes, que tendem a criar uma relação mais significativa com o vendedor do que com a empresa. Assim, caso o vendedor venha a se desligar da empresa, ela não apenas o perderá, mas também parte dos clientes por ele atendidos. Podemos também ver por outro lado: o vendedor conquistou e atendeu bem os clientes, de modo que pode não ser injusto que eles passem a ser do vendedor. Na realidade, é difícil concluir por antecipação o que acontecerá com os clientes no futuro. Isso depende muito da competência da administração de vendas.

Combinação de salário, bônus e comissão

Considerada apenas a combinação de SALÁRIO e COMISSÃO, seu uso é recomendado à equipe que, além de vender, possui tarefas não relacionadas às vendas. Por exemplo: os vendedores de aparelhos auditivos recebem tanto salário fixo quanto comissão. Eles precisam conhecer muito sobre acústica, sobre técnica de aparelhos auditivos, programação por computador e psicologia para vender os aparelhos. Não basta dar somente garantia e segurança ao vendedor ou à fonoaudióloga – que é normalmente a condutora do negócio –, mas, sim, um incentivo pela venda. Por isso, é necessária a comissão.

O percentual pago como comissão varia muito em relação ao salário fixo. As vantagens são dadas pela segurança financeira combinada com um incentivo também financeiro e uma relativa boa administração das despesas com vendas. Como desvantagem, podemos apontar a complexidade da remuneração para ser administrada. A participação de salário fixo e de comissão na remuneração mensal é a grande dúvida, pois, se for alta, a comissão pode ser um grande incentivo ao vendedor, mas, se for baixa, pode ser desestimulante e gerar frustração ao vendedor.

Já a combinação de SALÁRIO, COMISSÃO e BÔNUS é recomendada quando a empresa precisa remunerar com salário fixo as tarefas funcionais não relacionadas à venda; com comissão, a premiação para o alcance de metas de longo prazo; e com os bônus as metas e objetivos de curto prazo. Vale lembrar que BÔNUS é uma remuneração que direciona o esforço de vendas para os objetivos estratégicos da empresa, proporcionando uma premiação adicional aos vendedores que atenderem esses objetivos – por isso, ele encoraja o sucesso nas vendas. Um exemplo são os vales-alimentação distribuídos aos vendedores que alcançam certos objetivos, como vender todo o estoque de uma partida de tijolos mais escuros do que o normal.

As vantagens de combinar SALÁRIO, COMISSÃO e BÔNUS são dadas pela máxima eficácia na remuneração das diversas atividades desempenhadas pelos profissionais da força de vendas. As desvantagens são os altos custos para a administração do sistema, que é mais complexo que os demais.

Outros modos de compensação

Há ainda outros modos de compensar os vendedores, tais como o CONCURSO DE VENDAS e os BENEFÍCIOS PESSOAIS a eles oferecidos.

O CONCURSO DE VENDAS é considerado como uma remuneração indireta, em que se reconhece o esforço pelos resultados alcançados nas vendas. Um concurso normalmente tem prazo definido e é de curta duração. Por exemplo: uma equipe participa de um concurso que acumula pontos durante um certo período de tempo, cujo vencedor pode ser premiado com uma viagem, uma bicicleta ou um automóvel. Obviamente, o valor dos prêmios é proporcional ao grau de dificuldade das vendas.

Já os BENEFÍCIOS PESSOAIS representam também uma categoria de remuneração indireta que satisfaz à necessidade de segurança dos vendedores. Podemos citar como benefício um plano de saúde que a empresa concede aos funcionários, incluindo suas famílias – lembrando que os benefícios são concedidos tanto para os altos cargos (executivos) quanto para os vendedores. Os benefícios também agem como uma estratégia de motivação, contribuindo ainda pela redução da rotatividade. Como as vendas representam o sangue da empresa, todos os bons vendedores são sistematicamente assediados pela concorrência. Um bom vendedor representa um alto grau de investimento da empresa em treinamento, conhecimento de produto, clientela e mercado.

(4.3) Motivação

A motivação pode ser compreendida como a disposição e o esforço individual do vendedor para atingir os objetivos da empresa. A motivação é um importante fator a ser considerado pela gerência de vendas porque nem sempre os vendedores obtêm sucesso nas vendas. Afinal, eles também enfrentam recusas e mau humor por parte de compradores, secretárias e clientes. Por conseguinte, os vendedores quase sempre estão livres, ou seja, sem supervisão direta e, consequentemente, precisam estar sempre motivados para continuarem sua luta por vendas. Eles precisam de entusiasmo com relação aos seus produtos e ao empenho espontâneo. Vender produtos e serviços numa época de crescimento pode parecer fácil. Mas, e se for um período de "vacas magras"? Nesse caso, ele precisa sempre pensar em se automotivar e enfrentar novos dias de trabalho para seu sustento e o da sua empresa.

Victor Vroom, em 1964, apresentou um quadro que demonstrava as variáveis de sua teoria da motivação aplicável a uma equipe de vendas. Para compreendê-la, devemos partir de três elementos básicos: o ESFORÇO, o DESEMPENHO e a RECOMPENSA.

Para se ter ESFORÇO, é preciso disposição para iniciar, encarando as atividades sem perder de vista a qualidade nem deixar de lado a persistência. Partimos da expectativa de que quanto mais nos esforçarmos, melhor será o nosso desempenho.

Por conseguinte, quanto melhor for o DESEMPENHO, melhores serão os resultados e, consequentemente, os vendedores serão mais reconhecidos e recompensados. A RECOMPENSA, assim, sempre estará atrelada ao esforço e ao desempenho.

Ainda sob o ponto de vista motivacional, devemos considerar as necessidades individuais dos integrantes da equipe de vendas:

- *Status* – Exercer as atividades utilizando um automóvel, viagens com hotéis, título do cargo ocupado.
- Controle – Ter auxílio para o controle de cotas alcançadas.
- Respeito – Garantir um bom relacionamento com os executivos.
- Rotina – Existir uma carteira de clientes regulares.
- Realização – Alcançar as metas e os objetivos.
- Estímulo – Participar de competições e convenções em locais atraentes.
- Honestidade – Receber os prêmios e os benefícios merecidos.

Outro aspecto a se levar em conta diz respeito aos diversos estágios de uma carreira, os quais perpassam diferentes níveis motivacionais:

- Exploração – Definição de ocupação diária, perspectivas na carreira.

- Estabelecimento – Desejo de melhorar o desempenho, garantir crescimento profissional, ter o desempenho reconhecido ou possibilidade de troca de equipe ou setor na empresa.
- Manutenção – O andamento profissional na carreira é reavaliado sistematicamente.
- Desligamento – Seja o desligamento gradual ou não, nessa fase as pessoas dificilmente se sentem motivadas.

Um objetivo fundamental da empresa deve ser a aplicação de diferentes formas de motivar a sua equipe de vendas. Isso pode ocorrer principalmente por meio de:

- autoadministração comportamental, com a utilização técnicas de automotivação;
- cotas, que são metas quantitativas postas para um período de tempo.

Há, ainda, os programas de incentivo com eventos promocionais de curto prazo, os quais visam cumprir propósitos como:

- aumento de vendas;
- introdução de novos itens na linha de produtos;
- conquista de novos clientes;
- aumento do lucro de determinados produtos ou linhas de produto.

(4.4) Gerenciamento de vendas

O gerenciamento de vendas envolve inicialmente estimativas relacionadas ao mercado e à empresa. Para tanto, adotamos levantamentos sobre o POTENCIAL DE MERCADO, que é a estimativa da demanda possível máxima em um período de tempo, com base no número de usuários potenciais e sua taxa de compra. Para isso, valemo-nos de várias fontes secundárias, das vendas atuais e da pesquisa de clientes e consumidores. Adotamos também um levantamento atinente ao POTENCIAL DA EMPRESA, que é uma porção da demanda total possível de determinado segmento de mercado. É a quantidade máxima que uma empresa pode vender em um dado período de tempo em condições ótimas.

Para facilitar a compreensão, imaginemos um gráfico de dupla entrada. No eixo vertical, temos uma linha que indica o volume de vendas, identificado como o POTENCIAL DE MERCADO, assim como outra linha identificando as vendas de um dado segmento. No eixo horizontal, temos a linha do tempo. Obviamente, o volume de vendas do segmento será inferior ao do POTENCIAL DE MERCADO.

Em outro gráfico, comparamos o traçado das vendas do segmento com o das vendas da empresa. Esse gráfico normalmente tem maiores alternâncias de altos e baixos. Para aprimorar a análise, podemos apresentar um traçado para as vendas previstas e outro para as vendas realizadas pela empresa.

Para obtermos uma estimativa de vendas, é preciso considerarmos a previsão de níveis futuros de vendas com base em dados subjetivos e objetivos:

- SUBJETIVOS – Agregação na força de vendas, júri de executivos, pesquisa com clientes, indicadores relacionando variáveis etc.
- OBJETIVOS – Ajustes sazonais, ciclo de vida do produto, projeções de tendências, regressão linear/múltipla.

A montagem da estimativa de vendas é difícil e envolve várias dúvidas. O acompanhamento do resultado das vendas pode mostrar índices de variação com a média de vendas, os quais auxiliam na obtenção dessa estimativa. Vamos tomar como exemplo a Tabela 4.1.

Tabela 4.1 – Índice sazonal conforme as vendas trimestrais

TRIMESTRE	ANO 1	ANO 2	ANO 3	ANO 4	TOTAL DO TRIMESTRE	MÉDIA TRIMESTRAL	ÍNDICE SAZONAL[1]
Primeiro	49	57	53	73	232	58,0	0,73
Segundo	77	98	85	100	360	90	1,13
Terceiro	90	89	92	98	369	92,3	1,16
Quarto	79	62	88	78	307	76,8	0,97
Total do ano	295	306	318	349	1.268	79,25	____

NOTAS: (1) Índice sazonal – Para obtê-lo, divide-se a média trimestral pelo total da média trimestral. Por exemplo: considerado o primeiro trimestre: 58,0/79,25 = 0,73.

Como se pode observar, o total de vendas em um período de 4 anos resulta no montante de 1.268, que, ao ser dividido por 16 trimestres, permite obtermos a VENDA MÉDIA TRIMESTRAL, que é 79,25.

No âmbito do GERENCIAMENTO DE VENDAS, outro aspecto a ser considerado é a ANÁLISE DE VENDAS, a qual envolve sobretudo quatro passos:

1. SELECIONAR A UNIDADE ORGANIZACIONAL – Podemos utilizar toda a empresa, ou divisões, zonas, regiões, distritos, territórios e clientes.
2. SELECIONAR AS VARIÁVEIS DE CLASSIFICAÇÃO – Podemos utilizar o volume total, a quantidade do pedido, a classe de produto, o canal de distribuição e o tamanho do cliente.
3. SELECIONAR OS FATORES DE CONTROLE – Podemos selecionar as vendas em comparação com as previsões, as vendas em comparação com as cotas, as vendas no ano, o ano atual comparado com o ano anterior e a fatia de mercado (*market share*).
4. ANALISAR DADOS E PREPARAR RELATÓRIOS – Nessa fase, analisamos e apresentamos os resultados obtidos.

O Quadro 4.2 apresenta alguns indicadores que podemos utilizar como um auxílio para a tomada de decisões e o gerenciamento de vendas.

Quadro 4.2 – *Indicadores usados no gerenciamento de vendas*

GRUPO	INDICADOR
Vendas	Volume de vendas
	Volume de vendas por produto
	Volume de vendas por cliente
	Fatia de mercado (*market share*)
	Volume de vendas por loja
	Volume de vendas por pedido
	Volume de vendas por visita
Clientes	Número de novos clientes conquistados
	Volume de vendas junto a novos clientes
	Número de clientes perdidos
	Proporção de clientes comprando a linha completa

(continua)

(Quadro 4.2 – conclusão)

Grupo	Indicador
Lucro	Lucro bruto *versus* lucro líquido gerado
	Lucro bruto *versus* lucro líquido como porcentagem das vendas
Pedidos	*Strike rate*: número de pedidos *versus* número de orçamentos
	Número de pedidos obtidos
	Taxa de pedidos por visita

Um último aspecto a considerarmos é a avaliação dos vendedores, para o que podemos adotar os critérios apresentados no Quadro 4.3.

Quadro 4.3 – Critérios para a avaliação dos vendedores

Avaliação com dados internos	Avaliação com dados externos
Comportamento	Resultados
Visitas	Receita de vendas
Relatórios	Crescimento de vendas
Reclamações	Vendas/cota
Demonstrações	Vendas/potencial
Pontos de venda	Novos clientes
	Margem de contribuição

Enfim, cumpre observar que, no Capítulo 4, exploramos apenas uma parte do tema proposto – compensação, motivação e gerenciamento de vendas –, sendo importante e conveniente, conforme os interesses do leitor, ampliar o estudo por meio de livros específicos que tratam do assunto.

Atividades

1. A combinação de salário fixo, comissão e bônus parece ser uma forma ideal de remuneração para um vendedor. Quais as vantagens e os inconvenientes dessa combinação?
2. Além de uma remuneração condizente com o esforço e os resultados alcançados pelos vendedores, que outros recursos podem ser utilizados por uma empresa para motivar a sua equipe de vendedores?
3. Explique as razões de utilizarmos indicadores para avaliar a *performance* dos vendedores de uma empresa fabricante de pneus. Apresente, no mínimo, cinco indicadores.

(5)

O varejo e o serviço
no mundo globalizado

Ricardo Hillmann

Neste capítulo, abordaremos o VAREJO e o SERVIÇO, as suas diferenças e temas como a origem da atividade varejista e o papel do varejo nos canais de distribuição. Embora não mais discorreremos sobre a administração de vendas, é preciso salientar que, na prática, esse assunto está atrelado ao varejo e ao serviço. Numa análise mais apurada, constatamos que todos os três assuntos estão muito próximos. Eles acontecem ao mesmo momento. Podemos imaginar, por exemplo, a VENDA de um pacote de macarrão em um supermercado, que é um VAREJO, o qual disponibiliza SERVIÇOS intrínsecos à oferta e à venda desse e de outros produtos, evidenciando-se pelas facilidades oferecidas aos clientes – o modo como os produtos são dispostos nas prateleiras, a entrega etc.

(5.1) Principais diferenças entre varejo e serviço

Conforme esclarece Parente (2000, p. 22), o varejo "consiste em todas as atividades que englobam o processo de venda de produtos e serviços para atender a uma necessidade pessoal do consumidor final". O mesmo autor se baseia no American Marketing Association (AMA), para definir serviços como atividades, vantagens ou mesmo satisfações que são incorporadas à venda – como o serviço de um eletricista, de uma rádio e de uma sauna – ou que são proporcionadas em conexão com a venda de mercadorias – como o serviço de entrega gratuita para as compras no supermercado e o seguro de determinado produto. Ou seja, por um lado temos o SERVIÇO como um setor do mercado, configurando-se como um negócio em si mesmo; por outro, o SERVIÇO representa um adicional, um modo de agregar valor à venda de produtos ou à prestação de serviços.

O varejo e o serviço estão atualmente liderando o volume de negócios no mundo. Num passado distante, era necessário caçar e apanhar frutas e raízes para subsistir. Com o surgimento e a evolução das técnicas agrícolas, o ser humano passou a produzir alimentos em abundância, e o excesso de um produto poderia ser trocado pelo excesso de outro, do vizinho talvez, nascendo então o escambo – isto é, a troca de produtos, sem moeda –, agora chamado de *comércio*. Na evolução dessa troca, surgiu a necessidade de se escolher um produto ou um bem que servisse como moeda de troca. Por exemplo: podemos imaginar um homem das cavernas que se protegia do frio vestindo peles de animais, as quais valeriam, seguramente, mais do que um saco de batatas; esse seria um provável argumento dele, que teve muito trabalho para caçar o animal, esfolá-lo e preparar a pele. Assim, torna-se fácil imaginar o resultado da eventual negociação entre um caçador e um plantador de batatas, embora não seja fácil estimar o valor da pele em comparação ao do saco de batatas.

O escambo deixou de ser uma prática comum quando os negociadores elegeram um produto ou um bem para servir de moeda de troca. Os negócios no mundo enveredaram para as especiarias, para o extrativismo e logo para a produção agrícola e pastoril. A isso chamamos de *mercado primário*. Com a produção artesanal, vieram as ideias da produção industrial com a utilização do vapor para impulsionar as máquinas no período da chamada *Revolução Industrial*.

O ciclo industrial, que configura o que conhecemos como MERCADO SECUNDÁRIO, chegou até aos dias de hoje com a General Motors liderando o *ranking* do faturamento mundial. A liderança desse faturamento já foi da empresa varejista norte-americana Walmart. No Brasil, essa empresa adquiriu as redes da

Sonae[a] e a rede de supermercados Bom Preço[b]. A Walmart atua no que conhecemos como MERCADO TERCIÁRIO, ou seja, no comércio e serviços. A liderança do faturamento no ramo supermercadista no Brasil é do Grupo Pão de Açúcar, seguido de perto pelo grupo francês Carrefour e, em terceiro lugar, pela Walmart[c].

Diferenças entre produtos e serviços

Há várias características que estabelecem as diferenças entre produtos e serviços. Uma delas é dada pela distinção entre bens TANGÍVEIS e INTANGÍVEIS. Como bens tangíveis fazemos referência aos produtos e, como intangíveis, aos serviços. Uma maneira prática de diferenciarmos o serviço é identificar a parte concreta e tangível do produto com a parte subjetiva e intangível do serviço. Por exemplo: o pão que compramos numa panificadora é um produto (tangível), e o atendimento necessário para que possamos comprar o pão é um serviço (intangível). Temos um exemplo similar com um restaurante, que serve refeições, ou seja, um produto (tangível), mas também presta um atendimento, um serviço (intangível). Excetuando-se o McDonald's e outras franquias que padronizam 100% de suas operações, a maioria dos restaurantes apresenta um serviço próprio e particular – por isso é comum ouvirmos falar que o restaurante tem "a cara do dono".

Há, também, serviços que se valem de alguns aspectos tangíveis que poderíamos considerar como evidências físicas. Um exemplo é o serviço prestado pela cabeleireira e pela manicure, cujo resultado final evidencia uma mudança física. Sob um ponto de vista comercial, um serviço pode ser compreendido como a transação que uma empresa, indivíduo ou grupo de indivíduos realizam, sem ter por objetivo a transferência de um bem. Além disso, um serviço caracteriza-se por ser intangível, impalpável, não visual, por não possuir cheiro, gosto ou emitir ruído.

Outro modo de distinguirmos produtos de serviços é pelo caráter de SEPARABILIDADE ou de INSEPARABILIDADE que eles apresentam. É muito fácil compreender a atividade de venda de um produto em uma loja, por exemplo. O consumidor solicita o produto, o vendedor o apresenta, vende e entrega, mas ele não é consumido ao mesmo tempo em que é adquirido, ou seja, ele é tangível e separável.

a. Sonae, empresa de origem portuguesa que havia adquirido as redes brasileiras de supermercados Nacional, Mercadorama e BIG na Região Sul do Brasil.

b. Bom Preço, rede de supermercados atuante no nordeste do Brasil.

c. Esse *ranking* relativo à liderança do ramo supermercadista refere-se ao ano de 2008.

Já o atendimento do vendedor configura um serviço, que é inseparável, pois ele é consumido ao mesmo tempo em que é prestado.

O produto pode ser visualizado, tocado e cheirado antes mesmo de o consumidor decidir ou não pela compra. Com o serviço, não ocorre o mesmo. O barbeiro que se distrai e corta demais o cabelo não tem como reparar o erro. Podemos melhorar vários aspectos de um produto, como a sua qualidade e apresentação. Já a melhoria de um serviço depende de treinamento, que é indispensável para que o profissional evite erros. Mesmo assim, a possibilidade existe porque o momento é único, inseparável. Ele pode errar.

Um serviço, no entanto, torna-se vantajoso no que diz respeito ao *marketing*, pelo fato de ele ser único e, portanto, não poder ser copiado ou imitado facilmente. Podemos citar como exemplo um hotel que, embora simples, tenha um atendimento excelente, o que faz com que ele caia na preferência de grande parte dos hóspedes, não pelo que oferece da parte concreta e tangível, mas, sim, pela qualidade dos serviços oferecidos.

Estocagem

Uma grande diferença que encontramos entre serviços e produtos é quanto à estocagem. Podemos compreender facilmente o manuseio e a armazenagem de produtos feitos, vendidos e adquiridos. Não acontece o mesmo com os serviços. Não podemos adquirir serviços para estocar. Podemos adquirir e pagar por antecipação serviços a serem realizados. Podemos até fixar preços antecipadamente, porém o serviço será único, intangível, inseparável e o seu consumo acontece no momento da sua produção.

Outra diferença diz respeito ao caráter normalmente HOMOGÊNEO OU INVARIÁVEL dos produtos e HETEROGÊNEO OU VARIÁVEL dos serviços. Tomemos o exemplo de Las Casas (2007, p. 209), que apresenta um vendedor de loja que

> poderá assimilar bem os objetivos da empresa e sempre prestar a mesma qualidade de serviços aos clientes. Outro funcionário poderá ter diferente percepção, prestando um serviço de qualidade completamente diferente, apesar de ambos pertencerem à mesma firma. Os clientes também diferem muito e os níveis de exigência de qualidade são variáveis.

Uma característica de fácil identificação quanto aos serviços se refere à PROPRIEDADE. Um produto, quando vendido, implica a transferência de sua propriedade ao comprador. O serviço, ao contrário, não é transferível, ele é executado para uma pessoa ou empresa e não pode ser transferido.

Lovelock e Wright (2006, p. 17), nesse aspecto, esclarecem que:

Talvez a distinção fundamental entre bens e serviços resida no fato de que os clientes normalmente extraem valor dos serviços sem obter a propriedade permanente de qualquer elemento tangível. Em muitos casos, os profissionais de marketing de serviços oferecem aos clientes a oportunidade de alugar o uso de um objeto físico, como um automóvel ou um quarto de hotel, ou contratar por um curto período o trabalho e experiência de pessoas cujas habilidades vão da neurocirurgia ao modo de registrar os clientes em um hotel.

Em síntese, as principais diferenças entre produtos e serviços também são apresentadas por Lovelock e Wright (2006, p. 17):

- os clientes não obtêm propriedade sobre os serviços;
- os produtos dos serviços são realizações intangíveis;
- há maior envolvimento dos clientes no processo de produção;
- outras pessoas podem fazer parte do produto;
- há maior variabilidade nos insumos e nos produtos operacionais;
- muitos serviços são de difícil avaliação pelos clientes;
- normalmente há uma ausência de estoques quanto aos serviços;
- o fator tempo é relativamente mais importante para os serviços;
- os sistemas de entrega podem envolver canais eletrônicos e físicos.

(5.2) Origem da atividade varejista

O varejo possui várias origens, que apresentaremos separadamente de modo a facilitar a compreensão.

Escambo e paridade de valor

O VAREJO é uma atividade muito antiga. Ele pode ser identificado nas primeiras trocas de mercadorias ou bens, chamadas de *escambo*. Por exemplo: tenho uma lança para caça e a ofereço para trocar por um cesto com frutas já colhidas. Como anteriormente mencionado, o escambo surgiu com o excedente de produção, o que possibilitou a troca entre bens necessários à sobrevivência do homem.

Quanto vale um pedaço de carne em comparação a uma pele que protege do frio? Talvez a pessoa que queira a carne tenha mais fome que frio. Foi necessário resolver esse impasse para surgir algo que valesse muito como moeda de troca. Para isso, foram usadas pedras especiais, conchas, nozes, ouro, prata e, finalmente, surgiram as moedas como meio facilitador da troca. Nesse contexto, o comércio se desenvolveu com os fenícios, os gregos e os romanos e, com ele, evoluiu a má reputação dos comerciantes. Cícero, escritor romano, deixou registrado que o ato de comerciar era, por si, desonesto, pois o negociante só poderia ganhar alguma coisa com mentiras – e nada é mais desanimador do que um vendedor desonesto. Também houve a proibição, por parte da Igreja Católica, aos fiéis cristãos de manipular dinheiro ou moeda – era impuro. Isso explica a influência dos judeus na história econômica dos países envolvidos. Financiamentos para grandes empreendimentos levaram reinados a se tornarem reféns de pessoas ou organizações que tinham muito poder econômico.

A história de Portugal, Espanha e Inglaterra também está recheada de fatos comerciais escabrosos com o Brasil. No próximo tópico, abordamos o início do varejo no Brasil, que remonta ao tempo em que o país era uma colônia portuguesa. Emblemática é a figura de uma nau fenícia que foi adotada como logotipo da Câmara de Dirigentes Lojistas (CDL), antigo Clube dos Diretores Lojistas. Vale observar, ainda, que a CDL foi criada por vários comerciantes e liderada por Jorge Franke Geyer, gaúcho de Porto Alegre e filho de Leopoldo Geyer, da Casa Masson, que teve o mérito de ser um dos criadores do sistema de pagamento à prestação por intermédio de um carnê de pagamentos no Brasil.

As rotas mercantis

Durante todo o tempo em que o Brasil esteve sob o domínio de Portugal, o comércio brasileiro foi dependente daquele país. Em 1808, com a abertura dos portos para o mundo inteiro, o comércio tomou vulto, apesar de haver leis protecionistas que asseguravam monopólio comercial dos portugueses. Assim mesmo, o comércio prosperou no Brasil. A maior dificuldade residia na fraca indústria brasileira, sobretudo de produtos para o varejo.

A instalação de indústrias no Brasil também foi proibida até 1808. Depois de liberada, começou logo a sofrer a concorrência dos produtos estrangeiros com a abertura dos portos, que obviamente apresentavam melhor qualidade. Outros fatores negativos para o desenvolvimento da indústria brasileira, assim como do setor varejista do país, foram as restrições governamentais, bem como os favorecimentos legais para grupos isolados.

A distribuição sofria ainda a dificuldade da distância dos diferentes e afastados núcleos populacionais no Brasil Colônia de então. O transporte de mercadorias e a comunicação eram muito difíceis e demorados. A oferta comercial se ampliou com os caixeiros viajantes – também conhecidos como *musterreiter*[d]

---

d. *Musterreiter*, palavra de origem alemã, designa o cavaleiro que levava as amostras das mercadorias, o qual não tinha cavalos, mas, sim, mulas, que e *peddlers*ᵉ – e, ainda, havia os tropeiros, que eram normalmente os bandeirantes, porém com um viés mais acentuado como comerciantes e negociadores. Interessados em encontrar minérios e pedras preciosas, os bandeirantes abriam caminhos e atalhos na floresta, pois não havia estradas. O desenvolvimento brasileiro avançou ao interior com a plantação da cana-de-açúcar e outros produtos primários. A necessidade de escoamento da produção primária abriu frentes de transporte fluvial para os produtos vendidos até a costa brasileira. Na volta, estes barcos e gaiolasᶠ retornariam vazios da carga de produção agrícola. Aproveitava-se, então, para levar as mercadorias da costa brasileira, vendidas pelos tropeiros, para a população do interior. Assim, o tropeiro visitava pequenos armazéns nas vilas, as fazendas e todos que tivessem interesse nos produtos do viajante. Era grande a procura por mercadorias e, principalmente, por notícias dos centros mais populosos do Brasil.

Entrepostos: armazéns de secos e molhados, bandeirantes e estações de trem

Os armazéns, também conhecidos como *secos e molhados*, eram chamados de *entrepostos* – ou seja, um intermediário. Sua função era abastecer os moradores do interior com gêneros alimentícios, têxteis, ferramentas, cadernos, medicamentos etc. – daí o nome "secos e molhados". Normalmente se estabeleciam numa esquina, de modo a facilitar o encontro do viajante, do comprador e dos consumidores. Nascia ali o ponto comercial. Logo depois viriam as carroças, os pequenos caminhões, os ônibus, o telefone etc.

A história comercial com os trens teve início com Richard W. Sears – fundador da grande empresa varejista Sears, nos Estados Unidos, em 1886 – que era agente de uma estação da estrada de ferro no Minnesota. Sears observou, com seu apurado tino comercial, que a procura de produtos através de catálogos era algo bastante apreciado pelas esposas de fazendeiros, colonos e outros possíveis consumidores, além de representar uma grande oportunidade comercial. Nascia então o uso do catálogo da Sears, base de uma potência comercial do século XX – e pode-se dizer que a Sears era a Walmart de hoje em dia. Provava-se novamente que o produto desejado, para o público ansioso pela demanda, no

---

eram muito mais resistentes.

e. *Peddler*, palavra de origem inglesa, significa "mascate", ou seja, um mercador ambulante que percorre as ruas e estradas para vender objetos manufaturados, panos, joias etc.

f. Gaiola, pequeno barco a vapor de navegação fluvial.

momento certo e principalmente no local certo (no caso, nas estações de trem como ponto de vanguarda e único meio de comunicação com o meio civilizado) garantia o sucesso comercial. A Sears também foi a precursora do *slogan*: "Sua satisfação ou seu dinheiro de volta!" – isso no século XIX. No Brasil, esse *slogan* só foi utilizado um século depois, como uma obrigação advinda do Código de Proteção ao Consumidor, em 1994.

Com a estabilidade da moeda brasileira, que finalmente livrou a sociedade da inflação, o comércio passou novamente a ter sentido econômico para produtores, industriais, distribuidores, varejistas e, principalmente, consumidores. Observe-se também que o uso comercial do catálogo[g] foi o importante veículo utilizado pelo varejo atual para o que conhecemos como comércio virtual ou *e-commerce*. Ao navegarmos no *site* de uma loja, deparamo-nos com um catálogo de produtos e serviços, fundamental para apoiar a decisão de compra dos consumidores.

O varejo como um prestador de serviços

Engana-se quem pensa ser o comércio uma mera troca de mercadorias. A oferta já é, por si, uma prestação de serviços. As frutas ficam expostas em uma quitanda para aguçar o apetite do transeunte e lembrá-lo da necessidade de se alimentar saudavelmente. Também são considerados como serviços o *merchandising*, a informação do preço, uma oferta eventual como "compre duas frutas e pague somente uma". Além disso, temos também serviços propriamente ditos, como a entrega das compras do mercadinho pelo garoto que lá está aprendendo sobre trabalho e atendimento ao cliente. Muitos executivos e diretores de empresas começaram a entender o que é progresso profissional no serviço de um varejo. Atender bem ao cliente, sorrir e ser proativo é fundamental para o progresso pessoal e social. Faz parte da educação e valorização do ser humano.

Também há os serviços de montagem de móveis, eletrodomésticos e até eletroeletrônicos. O serviço pode estar embutido em cada produto que adquirimos. Por exemplo: o feijão servido no almoço atende à necessidade de comer, mas será muito melhor se for acompanhado por linguicinha cortada, louro, entre outras especiarias, tendo ainda como acompanhamento couve refogada e laranja cortada. Com isso, um desejo estará sendo atendido. Bem, atender a um desejo pode ser considerado como serviço? Sim, sem dúvidas. Os produtos requerem

---

g. Catálogo é uma publicação que relaciona e descreve produtos, seus preços, com fotografias, medidas, opções de uso e composições. Muito utilizado pelas grandes lojas de departamento dos Estados Unidos e da Europa.

serviços intrínsecos e demandam novos serviços específicos. Por exemplo: um salão de beleza atende um desejo estético e demanda o serviço de manicure, cabeleireira, depilação etc.

(5.3) O papel do varejo nos canais de distribuição

O varejista agrega valor ao sistema distributivo do mercado. São produtores e consumidores que se beneficiam com a atuação dos varejistas. Hoje, quanto mais serviço estiver incorporado e desenvolvido pelo varejo, maior é o valor agregado ao produto e ao varejo em si. O varejo, o distribuidor, o atacadista, o *broker*, ou agente, são normalmente intermediários que ajudam a aumentar a malha distributiva de produtos no mercado em questão. Eles estão entre o produtor – ou a fábrica – e o consumidor final. Como os produtores, também há os importadores, que também pagam o Imposto de Produtos Industrializados (IPI), pois trazem o produto ao Brasil para, posteriormente, serem distribuídos pelos canais disponíveis.

Conforme esclarecem Webster Junior, citado por Las Casas (2004, p. 18), as principais funções de um intermediário são:

- VENDAS – Promover o produto junto a clientes potenciais.
- COMPRAS – Comprar uma variedade de produtos de vários vendedores, usualmente para revenda.
- SELEÇÃO – Fazer sortimento de produtos, geralmente inter-relacionados, para os clientes potenciais.
- FINANCIAMENTO – Oferecer crédito para clientes potenciais para facilitar a transação, bem como providenciar recursos para os vendedores de modo a ajudá-los a financiar seus negócios.
- ARMAZENAMENTO – Proteger o produto e manter estoques para oferecer melhores serviços ao consumidor.
- DISTRIBUIÇÃO – Comprar em grandes quantidades e dividi-la em quantidades desejadas pelos clientes.
- CONTROLE DE QUALIDADE – Avaliar a qualidade dos produtos e ajudar em sua melhoria.
- TRANSPORTE – Prover a logística necessária para transportar os produtos, de modo a assegurar que esses cheguem ao consumidor.

- INFORMAÇÕES DE MARKETING – Prestar informação aos fabricantes sobre condições de mercado, incluindo volume de vendas, tendências de moda e condições de preços.
- RISCOS – Absorver riscos dos negócios, especialmente riscos de manutenção de estoques, obsolescência de produtos etc.

O setor varejista difere do atacadista ou do distribuidor porque estes últimos vendem suas mercadorias para outras organizações – pessoas jurídicas –, normalmente para os varejistas, que por sua vez vendem aos consumidores finais.

Vendas direto da fábrica ou do produtor

Quando um produtor ou fabricante vende diretamente ao consumidor, deparamo-nos com uma atividade comercial parcialmente varejista. Nesse caso, não necessariamente deve haver uma loja instalada, pois o varejo pode ocorrer também por meio de pequenas bancas de beira de estrada, que oferecem produtos hortifrutigranjeiros e artesanatos aos viajantes, por exemplo. É uma atividade varejista do produtor, sem intermediários. Alguns compram antigos ônibus, instalam prateleiras no veículo, arrumam seus produtos e os vendem diretamente aos consumidores nas pequenas comunidades. Usam um megafone para anunciar sua chegada e divulgar seus produtos e ofertas. Temos também as vendas diretas da fábrica para o consumidor final, que ocorrem de porta em porta, como a empresa de cosméticos Natura, Amway e outras.

O atacado e o distribuidor

O atacado é um canal de distribuição que muitos confundem. Não é para menos, porque muitas vezes as funções se misturam na mesma empresa. Vamos ver as principais características de um e de outro.

O ATACADISTA desempenha uma função muito importante para a fábrica porque normalmente adquire um grande estoque de produtos dela. Muitas vezes, compra um lote por um preço muito baixo, estoca e aguarda um bom momento para a venda. É um trabalho de especulação e cumpre uma função regulatória no mercado. O atacadista ajuda a fábrica a manter seu fluxo de caixa regulado, permitindo que ela se dedique à produção de mercadorias nos seus lotes econômicos[h]. Normalmente, o varejo se abastece do atacadista para diversificar os

---

h. Lotes econômicos referem-se às quantidades ideais a serem fabricadas de modo a se reduzir ao mínimo o custo total de produção.

produtos que oferece ao seu público-alvo. O preço do atacadista também é muito bom. A variedade é que está limitada aos itens de maior giro, por isso é um atacadista e não um distribuidor.

O DISTRIBUIDOR, por sua vez, desempenha mais a função de distribuir produtos. A função não é especulativa. Ele atende ao varejo com uma variedade maior de itens e possui estoques menores, porém também vende em menor quantidade do que o pedido mínimo que faz para a fábrica – que atende, com volumes superiores, às necessidades reais do varejo. Assim, é muito comum vermos varejistas abastecendo-se no distribuidor por não poder comprar uma caixa inteira da fábrica de um tipo de macarrão, por exemplo. É sabido que o macarrão tipo *spaghetti* e o do tipo parafuso são os mais vendidos. Provavelmente um minimercado compra da fábrica esses dois tipos, porém precisa se abastecer também do macarrão tipo *penne*, de modo a manter uma oferta diversificada para o seu consumidor. Utilizando-se desse mesmo exemplo, numa eventual falta do macarrão tipo *spaghetti*, o minimercado também pode adquiri-lo junto ao atacadista, que pode ter o produto com um preço bem próximo ao da fábrica, além de fornecê-lo de imediato ao minimercado.

Broker

Já o *broker* é, normalmente, uma extensão da própria fábrica, o qual também funciona como um distribuidor. A palavra inglesa *broker* significa "quebrador", ou seja, quebra o volume maior da fábrica em volumes menores. Desse modo, atende a pedidos de varejistas que gostariam de dispor uma boa variedade de produtos e, assim, atender ao máximo possível as necessidades de seus clientes (principal função do varejo), sem estocar grandes quantidades de produtos que não giram na mesma velocidade que outros, os líderes de venda. Além do estoque, existe o problema da validade do produto. Muitas vezes estamos nos referindo a produtos perecíveis.

O *broker* também exerce a função de reduzir custos para o varejista, já que temos diferenças nos percentuais do Imposto sobre Circulação de Mercadorias e Serviços (ICMS) nos diversos estados brasileiros. São Paulo nos vende uma mercadoria com 12% de ICMS e um varejista do Rio Grande do Sul teria, assim, somente 12% de crédito, mas, ao vender, deve pagar 17%. Os 5% fazem uma diferença muito grande na estrutura do preço final. Devido a isso, é comum encontrarmos fábricas com um *broker* no estado-cliente dele. A Melitta, por exemplo, possui um endereço no Rio Grande do Sul junto à empresa Central Ofertão e emite a nota fiscal da fábrica no próprio estado, com 17%.

Varejo

É o elo entre o produtor ou o atacadista com os consumidores finais. O varejo é essencial na estrutura distributiva do mercado moderno. Já vivemos uma época em que o varejista era taxado de atravessador ou também chamado de *tubarão*, porque "abocanhava" uma parte do lucro da venda da mercadoria. As pessoas não compreendiam a importante função distributiva do varejo, mas somente que o varejista era um atravessador que cobrava um lucro exorbitante. Criaram-se cooperativas de distribuição ou até intervenções do governo que se mostraram ineficientes aqui no Brasil e no mundo.

Esse modelo de distribuição tem funcionado a contento e cresce cada vez mais em todos os quatro cantos do planeta, inclusive no regime socialista da China. Podem até ser varejos bem pequenos e simples, que dão sustento a uma pessoa apenas. Outros são varejos médios, grandes e alguns são tão grandes que ostentam a primazia de apresentar como resultado os maiores faturamentos do mundo. O varejo é também o maior empregador de mão de obra no Brasil.

Consumidor e público-alvo

O consumidor é estudado especificamente nos cursos de Administração, normalmente sob o título *comportamento do consumidor*. Há vários livros sobre o assunto, tanto em inglês como em português. Existem, porém, observações pertinentes aos estudos mais acurados que colocam o assunto sobre público-alvo como foco principal do *marketing*. Por exemplo: um consumidor pode ser um pai (público--alvo) comprando as fraldas de seu bebê (consumidor) – que é, em última análise, quem verdadeiramente vai consumir o produto. No estudo de *marketing* e, principalmente, de varejo, o foco deve ser o público-alvo, que no caso das fraldas é representado pelos pais do bebê, avós, tias, enfim, por todos os envolvidos com o neném, que é o verdadeiro consumidor. Outro exemplo são os produtos dirigidos aos animais de estimação, que são os consumidores finais.

Atividades

1. O que é escambo? Marque a alternativa que melhor define o termo.
   a. É o nome de uma moeda.
   b. É utilizado para ajustar as contas do comprador e do vendedor.
   c. É a troca de produtos sem envolver moeda.
   d. É a moeda de troca do primitivos humanos.
   e. É algo que foi utilizado pelos piratas do século XV.

2. Assinale com um (S) as afirmações que se referem a serviços e, com (P), as que se referem a produtos.
   ( ) Muitos serviços são de difícil avaliação pelos clientes.
   ( ) O caráter de produto atrelado aos serviços indicam realizações intangíveis.
   ( ) Os clientes não obtêm propriedade sobre os serviços.
   ( ) Há maior envolvimento dos clientes no processo de produção.
   ( ) Existe transferência da propriedade.

3. Comente sobre os antecedentes do catálogo de produtos e justifique a sua atual importância para o *e-commerce*.

(6)

Formatos do varejo e suas
principais características

Ricardo Hillmann

Neste capítulo, apresentamos a caracterização de diversos tipos de varejo. É um assunto muito mais palpável, afinal, entramos em lojas quase que diariamente. Compramos no minimercado da esquina de casa e conhecemos as franquias O Boticário, Lilica & Tigor, Habib's e McDonald's. Talvez, as próximas gerações vejam menos lojas de rua e mais lojas nos *shopping centers,* e as compras básicas sejam feitas em meio eletrônico (computador, TV e celular), e não mais em lojas fisicamente instaladas.

(6.1) Organizações caracterizadas por tipo de propriedade

Existem diversas classificações possíveis para os varejos. Conforme Parente (2000, p. 25), podemos classificar os varejos como independentes, redes, franquias, departamentos alugados dentro de outras organizações, assim como os chamados *sistemas verticais de marketing*. Veremos cada um desses tipos a seguir.

Independentes

Essa é a modalidade de varejo mais simples. São os estabelecimentos restritos a um único ponto. O proprietário normalmente é quem administra a loja, sozinho, com alguns empregados, às vezes com a família, e sobrevive muito bem. Ele compra, estoca, define os preços, expõe o produto, vende, atende e até faz entregas. É um modelo muito bem-sucedido no Brasil. Já possibilitou o sustento para muitas famílias e continua sendo uma excelente oportunidade para a economia brasileira.

Muitos pais pagaram os estudos de seus filhos com o resultado do trabalho em uma loja independente, na qual muitas vezes o próprio estudante também trabalha quando não está em aula. São empresas pequenas que possuem uma clientela fiel, pois são adequadas ao seu público-alvo, bem como ao ambiente em que se encontram instaladas. Normalmente possuem ponto comercial excelente. Podemos exemplificar com os antigos armazéns de secos e molhados, que são muito comuns em cidades do interior. Eles vendem de tudo, desde alimentação até tecidos e ferramentas. Outros exemplos são as lojas de roupas, os minimercados, as lojas de ferragens e de material de construção.

Esses estabelecimentos nem sempre oferecem recursos tecnológicos, como leitor de códigos de barra. A característica do varejista em fazer de tudo na loja independente também dá a ele uma supervisão bastante efetiva e barata. Os custos de operação são muito baixos. É muito comum observarmos o dono do estabelecimento como responsável pelo caixa recebedor, de modo a acompanhar de perto o que vende.

Podemos observar, também, a dificuldade das lojas independentes que passam de pequena à média. Nesse caso, é preciso contratar mais pessoal, chefes de seção e delegar poderes. Nem sempre é fácil, porque além do problema de pessoal, é preciso pagar muitos impostos, tendo de se reestruturar tal como uma empresa de maior porte. A questão dos impostos é complexa. As empresas que se classificam como "simples" para efeito tributário também precisam conhecer muitas leis. São tantas leis que um varejista independente pode sonegar apenas por desconhecer os compromissos legais. Assim, ter uma loja independente não é fácil como pode parecer. O poder de barganha com os fornecedores também é limitado. Uma grande novidade são as centrais de compra, já conhecidas do enorme público nas cidades. Existem centrais de compra para minimercados, para lojas de ferragens, para óticas etc. Nos capítulos seguintes, falaremos mais sobre esse assunto.

Redes de lojas

O próprio nome já diz: são redes. Possuem um proprietário ou vários, quando a empresa se constitui como uma sociedade por quotas de responsabilidade limitada (Ltda.) ou como sociedade anônima (S.A.). Algumas redes são muito grandes, de capital aberto, com ações cotadas em bolsas de valores. Algumas são brasileiras, outras, estrangeiras. Como exemplo, podemos citar a Pernambucanas, a Riachuelo, a C&A, a Lojas Renner, os supermercados Nacional, Mercadorama, Bom Preço e tantos outros. Os hipermercados quase sempre fazem parte de uma rede, como Carrefour, Pão de Açúcar e Walmart, tornando-se cada vez mais representativos quanto ao volume de vendas.

Como são grandes, as redes de lojas possuem um maior poder de barganha junto aos fornecedores. Algumas linhas de produtos dominam a relação comercial com os fabricantes, determinando suas marcas próprias. Elas também têm a vantagem da economia em escala, a exemplo da propaganda. Um anúncio de jornal atinge a população-alvo de diversos bairros em uma cidade que possui várias unidades de loja da mesma rede de supermercados, por exemplo.

A logística exerce um papel prioritário nas redes, que precisam ter uma frota própria ou terceirizada para transportar os produtos entre as lojas, bem como para fazer a entrega aos clientes. Para isso, utilizam roteiros muito bem planejados. Além disso, trabalham com centros de distribuição (CD), que também já foram conhecidos como depósitos ou departamentos de abastecimento. No CD, as mercadorias são recebidas, avaliadas quanto à qualidade e distribuídas de acordo com as necessidades e as particularidades de cada loja que compõe a rede. Uma rede que atua no segmento de vestuário, por exemplo, precisa limitar o envio de bermudas e biquínis para o sul do país no período de março a setembro.

Franquias

Bem conhecidas pelos brasileiros, as franquias são redes de lojas cuja propriedade parte de um princípio de parceria. Essas redes funcionam com base num franqueador, que é a organização que concede o uso de seu nome, de sua visibilidade perante o público consumidor, de seu *marketing*, em suma, de seu potencial mercadológico, a outrem, chamado de *franqueado*.

Uma vez firmado um contrato entre franqueador e franqueado, a relação comercial prossegue com manuais de processos, procedimentos, comunicação interna e externa etc. Uma grande vantagem desse sistema para o franqueador é a possibilidade de rápida expansão territorial a um baixo custo, já que ele não custeia a instalação de uma franquia.

O franqueador é responsável por prover suporte técnico e teórico do negócio, ou seja, o *know-how*. Ele também facilita ou recomenda o crédito de seus franqueados para os bancos. Assim, pequenos empresários ou empreendedores têm a oportunidade de operar e liderar uma loja mesmo que possuam pouco conhecimento para tanto. O fraqueado também é beneficiado pela marca registrada da franquia, normalmente bastante conhecida pela população, assim como pela operação já organizada e por contar com o apoio e acompanhamento do franqueador para iniciar suas atividades de varejo – tal como a escolha de um bom ponto comercial, o apoio promocional padronizado e, muitas vezes, dependendo do contrato, uma área geográfica exclusiva para trabalhar.

Para usufruir de tais benefícios, entretanto, o franqueado deve pagar ao franqueador uma taxa inicial de franquia, bem como um percentual mensal sobre suas vendas ou compras – os *royalties*.

Departamentos alugados

Os departamentos alugados são espaços locados dentro de estabelecimentos comerciais. No sistema comercial norte-americano, são chamados de *corner*, que significa "canto" ou "esquina". Pequenos comerciantes ou empreendedores podem alugar espaços menores dentro de lojas de departamento, dentro de hipermercados ou até nos populares *shoppings* de fábrica. O lojista paga uma taxa fixa mensal pelo espaço e comercializa ali seus produtos com sua marca e seu sistema comercial. Outro modelo de locação é o aluguel de espaços para a instalação de um departamento especial dentro de uma loja comercial, como uma joalheria.

Algumas atividades comerciais são de um ramo que necessita de uma *expertise* (conhecimento técnico ou operacional especial) própria. Assim, temos lojistas diferentes e independentes trabalhando sob um mesmo teto. O local pode já possuir uma clientela fiel e uma imagem com marca e tradição perante um público-alvo definido. Sua divulgação é única e engloba eventualmente vários segmentos comerciais diferentes, porém com certa afinidade de linha de produtos. Como exemplo, podemos citar uma organização que disponibiliza um espaço à floricultura, ao paisagismo e à decoração exterior. Nesse caso, um espaço pode ser alugado para duas arquitetas, que vão atuar no departamento de paisagismo; a floricultura pode ser operada pelo proprietário do prédio comercial; o departamento responsável pelos vasos e pelas ferramentas para jardinagem pode ser operado por uma conhecida loja de ferragens da cidade.

Sistemas de marketing vertical

Marketing vertical é um sistema que, à primeira vista, parece-nos complexo, mas não é. Ele ocorre quando o produtor ou o atacadista também operam com varejo. Para compreendê-lo, é preciso lembrar dos canais de distribuição no *marketing*.

O modelo mais conhecido apresenta o produtor independente do distribuidor e do varejista. No sistema normal de comercialização, cada integrante procura maximizar seus lucros ao operar no sistema. Conforme esclarece Parente (2000, p. 29), "nessa estrutura, os membros estão fracamente alinhados com os demais, sem uma visão integrada que objetive otimizar os resultados de longo prazo ao longo do canal". Resumindo, o produto chega ao consumidor por um preço maior do que o necessário no sistema normal.

Já o sistema de *marketing* vertical pode representar uma opção mais barata ao consumidor final. Existem hoje atividades comerciais que integram à fábrica a atividade de distribuição e varejo. Como exemplo, temos as fábricas de calçados no Vale do Rio dos Sinos, no Rio Grande do Sul, que possuem sua própria rede de varejo. A Arezzo possui uma rede de lojas de franquia instaladas em vários *shoppings* do Brasil.

O sistema de *marketing* vertical pode ser compreendido sob diversos aspectos. Conforme Parente (2000, p. 29), é designado como CORPORATIVO quando uma instituição passa a ser proprietária de outras fases do canal, atuando com seus diversos interesses, ora apoiando mais o resultado para a produção ora mais para a distribuição. Ele é designado como ADMINISTRADO quando grandes organizações, como Unilever, Coca-cola e Sadia, administram as diversas etapas da distribuição. Nesse caso, elas utilizam a *Exchange Data Information* (EDI) – ou reposição contínua e gerenciamento de categorias de produtos – e o *Efficient Customer Response* (ECR) – ou resposta eficiente ao consumidor –, que são sistemas integrados de reposição automática de produtos ao ponto de venda. Observamos um trabalho muito dedicado e de resultado positivo no abastecimento, na divulgação e na promoção perante os grandes varejistas.

O mesmo sistema de *marketing* vertical pode ser chamado ainda de *contratual* quando o sistema é regido por um contrato que integra as atividades de empresas independentes.

Cadeias voluntárias patrocinadas por atacadistas, segundo Parente (2000, p. 29), são sistemas em que "um atacadista organiza uma cadeia voluntária de varejistas independentes e lhes oferece melhores condições de abastecimento e apoio tecnológico e mercadológico".

Cooperativas ou associações patrocinadas por varejistas são atividades de compra integradas para varejistas independentes. São as CENTRAIS DE COMPRA, que utilizam um maior potencial de barganha para adquirir os produtos de marca conhecida com bons preços e promoções mercadológicas para seus associados. Assim, pequenos comerciantes também podem oferecer produtos com preços atrativos e fazer uma pequena promoção com ofertas em encartes ou folhetos promocionais distribuídos nas residências do bairro.

(6.2) Organizações caracterizadas por possuírem lojas instaladas

As lojas instaladas dizem respeito aos estabelecimentos, cujo comércio praticado não opera em meio virtual ou por meio de vendedores de porta a porta, de *vending machines* etc. São lojas e supermercados instalados em *shopping centers*, centros comerciais, galerias, mercados públicos e nas ruas. As lojas de rua são as mais tradicionais, pois toda cidade possui.

Lojas do setor alimentício

É comum classificar as lojas que operam com alimentos e as que operam com outros produtos. Alguns exemplos de lojas do setor alimentício são os míni, super e hipermercados, os armazéns e até os CLUBES DE COMPRA E ATACADO – que também atuam no varejo com o nome "atacarejos", a exemplo de grandes redes como Carrefour, com o Atacadão.

No Brasil, podemos observar um grande desenvolvimento no setor alimentício, não só relacionado ao volume de vendas como também à atualização tecnológica, o que é comparável aos países desenvolvidos. Devemos observar que isso é fruto do empenho dos supermercadistas, das associações e dos treinamentos técnicos. Analisando as revistas próprias de cada Associação Estadual Supermercadista, tal como a *Super Hiper*, da Associação Brasileira de Supermercados (Abras) e a *Supermercado Moderno*, vemos um enorme envolvimento técnico em desenvolvimento de preparação de lojas, de promoções, de atendimento e de divulgação tecnológica.

Quitandas, minimercados, açougues, mercearias e padarias

Os estabelecimentos da categoria a qual aqui tratamos aumentam se incluirmos também os bares, os botecos, as lanchonetes e as cafeterias. Essa categoria inclui varejos cujo atendimento é personalizado, em que o cliente é atendido diretamente pelo dono ou pelos familiares deste e, eventualmente, por empregados. Além de produtos alimentícios, tais estabelecimentos vendem bebidas alcoólicas, refrigerantes, lanches, sucos e cafés. Possuem outros atrativos como mesas de sinuca, TVs etc.

As quitandas estão voltando a apresentar um comércio representativo, cada vez mais procurado devido ao seu apelo de distribuir produtos naturais, frescos e de acordo com a nova onda de vida saudável, além de normalmente haver uma perto de casa ou do trabalho.

Os minimercados são uma ampliação dos armazéns e mercadinhos de bairro, também chamados de *mercearias*. Seguramente, com a influência das CENTRAIS DE COMPRA e o avanço tecnológico das embalagens, a maioria dos armazéns começa a modificar seu *layout*, oferecendo os produtos – que antes se localizavam em prateleiras inacessíveis ao consumidor – em prateleiras tipo gôndolas de supermercado, com um *mix* de produtos que sugerem uma organização melhor e mais prática. Passam, portanto, de atendimento personalizado para autoatendimento. Muitos são um misto de atendimento personalizado e autosserviço. Alguns minimercados que participam de centrais de compra também já possuem produtos com marca própria da rede.

Os armazéns de esquina foram e continuam sendo muito importantes na distribuição de alimentos para a população. Eles possuem normalmente entre 10 a 50 m² de área, ou seja, são pequenos, mas também são versáteis e disponibilizam uma variedade básica de produtos. À medida que crescem, ampliam sua linha de produtos. Alguns incorporam o açougue, a padaria e alguns produtos de bazar. Outros iniciam com um açougue e, posteriormente, ampliam a oferta de produtos alimentícios. Algumas padarias também comercializam uma maior variedade de produtos, em vista da conveniência dos consumidores. Sobre isso, vale lembrar que a variedade de tipos de pães, bolos, tortas e docinhos levou a antiga padaria a ser classificada como confeitaria (uma loja especializada). Obviamente, com o aumento do padrão de vida do brasileiro, tornou-se possível esse desenvolvimento comercial. É notório o interesse das indústrias pelo pequeno varejo, que são mais rentáveis e contribuem com uma ampla distribuição de seus produtos.

Pequenos, médios e grandes supermercados

Talvez a classe de varejo mais popular e numerosa no abastecimento de produtos alimentícios no Brasil seja o modelo de autosserviço no atendimento. Existem pequenos supermercados independentes, com uma, duas ou três filiais. Segundo esclarece Parente (2000, p. 31), a Nestlé apura que existam 50 mil supermercados no Brasil com 1 a 4 *checkouts* (ou caixas). Alguns deles formam uma rede e outros fazem parte de enormes conglomerados.

Um supermercado de porte médio apresenta uma variedade maior de produtos, devido a sua maior área de vendas, operando com 5 a 15 *checkouts*. Esse tipo de supermercado responde por um grande volume de vendas no Brasil, operando principalmente com produtos alimentícios e outras linhas de produtos, como bazar, ferragens, jardinagem e utilidade doméstica. Alguns supermercados são muito grandes sem serem exatamente hipermercados.

Hipermercados

Os hipermercados disponibilizam um autosserviço mais amplo, com mais de 50 mil itens, um número expressivo de 40 *checkouts*, ampla área de vendas, normalmente com 10 mil m², dispondo de linhas diversificadas de produtos, incluindo os alimentícios, assim como a LINHA DURA e a LINHA MOLE. A LINHA DURA corresponde a ferramentas móveis, eletrodomésticos, itens de bazar, utilidades para o lar, brinquedos, ferramentas, jardinagem, autopeças, acessórios para cães e gatos, entre outros produtos. A LINHA MOLE corresponde aos artigos de confecção, calçados, cama, mesa e banho. A LINHA MOLE é operada nos hipermercados principalmente com produtos básicos de fácil reposição, que possibilitem um alto giro dos estoques. Esses varejos trabalham com preços muito competitivos e apresentam, sistematicamente, promoções arrasadoras como grande atrativo. Alguns dos hipermercados mais conhecidos no Brasil são o Carrefour, o Walmart e o Pão de Açúcar. Algumas regiões brasileiras possuem redes menores, de modo a atenderem melhor ao seu público-alvo, sendo que essas redes são menos estandardizadas.

Clube atacadista

É um modelo de loja grande que opera com preços muito baixos. Nessa modalidade de varejo, é cobrada uma anuidade dos associados, cujo benefício são os preços atrativos. Atende a consumidores finais, pequenos revendedores, assim como bares e restaurantes que não possuem potencial suficiente para comprar diretamente da indústria, devido ao tamanho do pedido mínimo. Esse modelo existe no Brasil por intermédio da megaorganização varejista Walmart, com o nome de Sam's Club, por exemplo. São instalações despretensiosas, com variedade de produtos e serviços limitados. O Makro pode ser considerado um clube atacadista, apesar de não cobrar anuidade e trabalhar nos mesmos moldes, ou como um "atacarejo", como veremos adiante.

"Atacarejo"

Esse é um termo inventado recentemente para caracterizar um modelo comercial conhecido como *cash and carry*, algo como "pague e leve". Ao contrário das tradicionais lojas de atacado, que vendem um portfólio de produtos exclusivamente para pessoas jurídicas interessadas em adquirir mercadorias em grande escala – o modelo B2B, ou seja, de negócio para negócio, é o conceito híbrido entre atacado e varejo. O "atacarejo" representa uma flexibilização que permite atender também a pessoas físicas, as quais abrem mão de certas comodidades oferecidas pelos supermercados e hipermercados em troca de preços mais baixos e boa diversificação de produtos, sem pagar anuidade, como ocorre no clube atacadista.

Os produtos normalmente são expostos nas próprias caixas ou até nos *pallets*[a], em grandes depósitos, em meio à movimentação de empilhadeiras e outros recursos para transporte, que atrapalham, atravancam e incomodam os clientes. Curiosamente, as grandes proporções desses depósitos e a movimentação de muitas mercadorias, assim como o volume e a dimensão das transações que ocorrem nesse sistema, funcionam como um *marketing* subliminar. Por outro lado, a falta de comodidade oferecida ao cliente e o giro rápido de mercadorias são fatores que possibilitam os preços baixos. Entre as empresas que adotam esse sistema, as mais conhecidas são o Atacadão (da rede Carrefour), o Assaí (do grupo Pão de Açúcar) e o Maxxi (da Walmart).

Lojas do setor não alimentício

Os varejos da categoria NÃO ALIMENTÍCIO compreendem o comércio em geral, que se estabelece nas ruas, *shopping centers*, galerias, mercados públicos, centros comerciais, bairros, em corredores para lojas instaladas em hipermercados, entre outros espaços. Eles operam tanto com a LINHA DURA quanto com a LINHA MOLE, caracterizando-se, principalmente, por lojas especializadas em determinado ramo de produtos e serviços.

---

a. *Pallet* é uma plataforma portátil cuja finalidade é facilitar o agrupamento, o manuseio, o transporte e a estocagem de materiais, sendo apropriada para transporte por meio de empilhadeiras, paleteiras e outros mecanismos.

Microvarejo (uma porta)

Um microvarejo é muito fácil de ser identificado, pois é um varejo pequeno, com um dono que, normalmente, emprega o trabalho da família. Fica instalado em locais onde há maior movimento de pessoas, pois o sucesso do negócio depende do volume de clientes.

Um microvarejo – ou varejo de uma só porta – deveria ser incentivado pelas prefeituras, as quais, depois disso, também deveriam coibir a venda de ambulantes ou camelôs, que perambulam na cidade e não pagam impostos (trabalhistas, relativos às licenças emitidas pelas prefeituras, entre outras obrigações impostas aos cidadãos). Um camelô é, normalmente, um bom vendedor. Uma vez orientado, poderá ser um comerciante legal, com registro e, assim, pode fazer seu negócio crescer. Como exemplo, podemos citar a iniciativa da Prefeitura de Porto Alegre, no governo de José Fogaça que, com apoio dos membros da câmara dos vereadores, possibilitou a construção de um "camelódromo". Outras prefeituras também já tiveram a mesma iniciativa. É um comércio que disponibiliza uma enorme variedade de mercadorias. Também é um importante modo de dinamizar a economia e facilitar a distribuição de renda, mesmo que muitas vezes os produtos comercializados sejam simples cópias de produtos originais.

Lojas de R$ 1,99 e lojas de fábrica

As lojas conhecidas como *de R$ 1,99* foram ou são pequenos estabelecimentos de comércio. Elas iniciaram num momento de mudança na economia de mercado, quando ocorriam os Planos de Demissão Voluntária (PDV) e as pessoas com razoável conhecimento (e um pouco de dinheiro) decidiram iniciar pequenos negócios, entre os quais as lojas de R$ 1,99 – inspiradas nas lojas *one dolar*, dos Estados Unidos.

Naquele período, o valor da moeda brasileira era alto e as importações de produtos da China ocorriam em larga escala (contêineres cheios de produtos), fatores que fizeram essas lojas abrirem por todo o Brasil. Nesse caso, muda-se o foco de um tipo de cliente que procura um determinado produto para um cliente que entra em uma loja de R$ 1,99 atrás de produtos que se encaixam em determinada faixa de preço. No *marketing* de varejo, a maior parte das lojas dá ênfase ao produto; nas lojas de R$ 1,99, a ênfase está no preço. O foco do negócio muda de produto para valor. Com a desvalorização do Real, muitas lojas de R$ 1,99 alteraram a fachada de R$ 1,99 para "a partir de R$ 1,99".

Passado um certo tempo, o ciclo de vida desse modelo de loja também teve seu declínio. A possibilidade de trabalhar com qualquer valor abriu um leque de opções de produtos, transformando o ambiente numa loja maior e mais abastecida com produtos de toda ordem, normalmente com uma relação de custo-benefício bem definida. Essas lojas continuam sendo muito prestigiadas pela população.

As LOJAS DE FÁBRICA são antigas e muito conhecidas. São prestigiadas pela população, que vê nesse modelo a oportunidade de adquirir produtos de marcas e fábricas conhecidas por preços mais acessíveis, devido a um pequeno e muitas vezes imperceptível defeito no produto. Muitas vezes são produtos de pedidos cancelados, fora de linha ou cuja exportação foi suspensa. As lojas da fábrica Vila Romana, em São Paulo, são um bom exemplo. Esse tipo de loja é uma boa alternativa de escoamento dos produtos.

Algumas lojas de fábrica não se encontram exatamente junto à fábrica, mas se estabelecem em pontos comerciais melhores, de acordo com seu público-alvo. Essas lojas são chamadas de *outlets*. É o caso do *outlet* de tênis Reebok ou Nike, cujas fábricas estão espalhadas por todo o mundo. Um *outlet* também representa uma alternativa para as fábricas escoarem sua produção e, para os consumidores, de obterem produtos de marca a um preço mais baixo. Quando vários *outlets* se reúnem em um mesmo espaço, cria-se então um *outlet center*, algo similar a um *shopping* de fábricas. São utilizados prédios que já foram de um grande magazine ou uma loja de departamentos e estão no centro da cidade. Normalmente precisam de um bom fluxo de pedestres para movimentar a imensidão de pequenas lojas instaladas num mesmo prédio e ponto comercial. Essas lojas também são uma excelente alternativa comercial para iniciantes no ramo de varejo.

Lojas especializadas

São o tipo de loja mais conhecidas e procuradas. Trata-se das lojas especializadas num dado tipo de produto, como artigos esportivos, tintas, calçados, parafusos e porcas ou em dada atividade profissional, como lojas para o serralheiro ou para o mecânico automotivo. Essas lojas concentram suas vendas em uma linha específica de produtos com um grande sortimento de produtos nessa linha. Diz-se que têm um "sortimento profundo". Isso quer dizer, tomando como exemplo uma loja de tintas, que ela fornece tintas de muitas marcas, cores e tamanhos.

As lojas especializadas diferem de um hipermercado no quesito variedade. Um hipermercado dispõe de várias linhas de produtos, enquanto essas lojas atendem a uma única linha. Por exemplo: é possível encontrar tinta num hipermercado, porém com uma variedade bastante limitada, o que não acontece numa loja especializada em tintas. O cliente vai especificamente naquela loja porque sabe que encontrará mais opções de produto ou a solução para o seu problema, pois poderá receber orientação técnica durante a sua compra.

O trabalho de *marketing* nesse tipo de loja identifica claramente o seu público--alvo. Também é importante o seu foco no ponto comercial, nas promoções de seus produtos e na divulgação com meios externos e internos. São lojas que ocupam espaços que variam entre 20 a 5.000 m². De acordo com as estatísticas, as lojas especializadas são as que mais empregam funcionários. Mesmo os grandes supermercados não conseguem agregar uma massa trabalhadora tão grande, pois esta, por sua vez, representa consumidores que impulsionam toda a economia de mercado.

Lojas de departamentos

As lojas de departamentos são as grandes lojas de variedades e que não atuam no setor alimentício. Normalmente, possuem mais de 4.000 m². A Sandiz, de Porto Alegre, por exemplo, foi uma loja com mais de 10.000 m², tendo sido a âncora do Shopping Iguatemi. Uma loja âncora é uma loja que possui um grande poder de atração e pode operar independente do *shopping*. Ela mais atrai as pessoas ao *shopping* do que necessita dele para sobreviver.

As lojas de departamentos concorrem com os hipermercados, que também possuem seções. No hipermercado, a grande loja normalmente está em um só plano horizontal e apresenta várias seções. As lojas de departamentos, como o nome já diz, possuem diversos departamentos e, muitas vezes, distribuem-se em um edifício com vários andares. Até 10 anos atrás, o Brasil possuía várias lojas de departamentos, como Mesbla, Sears, Sandiz e outras. No mundo inteiro, esse modelo de loja de alto custo operacional foi obrigado a rever seus custos e sistema operacional. Essas lojas trabalham muito bem o *marketing* de varejo e apresentam belas ambientações, explorando um estilo de vida casual e "chique".

Tais lojas também apresentam grande variedade de produtos e uma ampla gama de serviços aos consumidores. Nelas, cada departamento pode ser tratado como um negócio em si, onde se compra e vende em separado para apurar o resultado também por departamento. O grande volume negociado justifica o critério de compra. Enfim, atuam com a LINHA DURA e a LINHA MOLE – o que, respectivamente, também pode ser chamado de *hard* e *soft*.

Organizações de várias lojas

É o conjunto de várias lojas num só local. Tem o grande atrativo para o consumidor de solucionar seu problema de abastecimento, estacionamento e operacionalidade numa só visita. Nessa modalidade, temos o mercado público, as galerias comerciais, os centros comerciais e os *shopping centers*. Normalmente, possuem um nome comercial que representa o conjunto. Por exemplo: Galeria Satte Allan (Pelotas, RS), Shopping Müller (Curitiba-PR) etc.

Mercado público da vila ou da cidade

Corresponde à origem do comércio varejista. As diversas barracas de produtos agrícolas, frutas, verduras, carnes e embutidos eram vendidos nas praças das vilas junto à fonte de água, logo denominado de mercado. Em inglês, *marketplace* e, em alemão, *markt platz*, ou seja, praça do mercado. A palavra *praça*, nesse caso, tem o sentido de local, localização. Para nós, brasileiros, corresponde ao mercado público. É a reunião de diversos varejistas que comercializam uma grande variedade de produtos, especialmente produtos de alimentação e especiarias Há mercados públicos em diversas cidades brasileiras.

Galerias

No centro das cidades, é comum encontrarmos as galerias, que são corredores localizados dentro de edifícios comerciais, com várias lojas distribuídas em ambos os lados, dispondo-se em corredores retos ou não. Elas não possuem um estudo apurado de *mix* de lojas. Quando as lojas forem de um lado só, do outro lado fica uma vitrine com pouca profundidade para ajudar na divulgação externa das lojas ali instaladas ou até de outros locatários do espaço. Temos um bom exemplo com a Galeria Satte Allan, de Pelotas, que possui lojas em apenas um dos lados da galeria; no outro lado, uma franquia da loja Cacau Show colocou um enorme espelho na parede (que espelha a loja verdadeira). É importante observar que a Cacau Show possui um projeto ambiental belíssimo, o que torna difícil a quem passa não olhar para a loja e não se sentir atraído em entrar.

As galerias comerciais também são atrativas pelo fato de, no edifício, normalmente existirem salas e escritórios em que são prestados vários serviços. Isso por si só garante o fluxo de pessoas necessário para movimentar o comércio na galeria e nas lojas de seu entorno. Normalmente, as galerias não possuem estacionamento próprio, no entanto, a região em que se encontram é bem servida de linhas de ônibus, metrô, táxis e lotações.

Centros comerciais

Similar ao *shopping center* e à galeria, um centro comercial reúne várias lojas, operando comumente em bairros. O público é conhecido e, muitas vezes, a administração do centro comercial consegue definir um *mix* de lojas. Um exemplo de *mix* de lojas num centro comercial pode ser: duas lojas de vestuário masculino, três de vestuário feminino, uma de moda infantil e bebê, duas de roupa jovem, *surf* e outras linhas, outra com eletrodomésticos e bazar, um supermercado etc., além de duas ou três lanchonetes e alguns serviços. Muitas vezes, os centros comerciais possuem estacionamento próprio.

Shopping center

No Brasil, o primeiro *shopping* foi construído em 1966 – o atual e famoso Iguatemi, de São Paulo. Um *shopping center* reúne várias atividades comerciais num só ponto, com conforto e segurança. Envolve um grande trabalho de *marketing* interno e externo, bem como um *mix* de lojas bem estudado. Geralmente, todos os espaços são locados, de modo a evitar interferências na escolha do *mix* ideal de lojas.

Shoppings apresentam grande poder de atração à clientela, com lojas âncora, assim como possuem uma boa praça de alimentação. Possuem um bom estacionamento, protegido das intempéries do tempo e climatizado na maior parte das vezes, além de ser muito bem iluminado. Com tudo isso, o resultado é um grande movimento de pessoas num só polo comercial.

O Brasil já possui vários *shoppings* que se destacam. Algumas redes mais antigas, como Iguatemi e Barra Shopping, possuem unidades em várias cidades brasileiras. Alguns *shoppings* estão direcionados para a moda, outros para a casa, outros para automóveis etc. Sua instalação demanda um grande e antecipado estudo por parte de especialistas. Várias pesquisas ajudam a identificar o público-alvo, os varejistas que devem participar do empreendimento, assim como aspectos relativos à acessibilidade e à segurança.

(6.3) Organizações caracterizadas por não possuírem lojas instaladas

Também são organizações varejistas, porém sem instalação física. Atualmente, apresentam um enorme crescimento e uma preferência da população mais jovem. Também apresentam uma excelente alternativa de compra para as pessoas com muito pouco tempo. E como, a partir da década de 1980, a falta de tempo passou a se tornar crescentemente comum tanto para os homens quanto para as mulheres, tornou-se fundamental buscar novas alternativas para levar os produtos aos consumidores, a exemplo do *marketing* direto e de outras modalidades de comércio que dispensam a visita a uma loja. Obviamente, as ofertas nesse caso exigem uma boa dose de criatividade, sobretudo para apresentar os produtos, já que o cliente em potencial não pode estar presente para senti-lo e manuseá-lo.

Marketing direto

Marketing direto é um recurso adotado pelos varejos que operam por intermédio de catálogo, revista, jornal e mala direta em meio impresso. Também utiliza *marketing* direto o varejo que opta pelo comércio por meio de rádio e TV. Bem conhecido do público é o canal direto de TV que apresenta apenas ofertas de vendas. Outra forma de *marketing* direto muito utilizada é chamada de *telemarketing*, ou seja, a venda por telefone – ou televendas, que pouco tem de *marketing*.

O varejo que mais cresce, no entanto, é o varejo eletrônico que opera por intermédio da internet. Trata-se de um varejo sem loja instalada, cujos estabelecimentos também são conhecidos como "lojas ponto com", ou seja, o nome comercial acrescido do ".com", que é o elemento que compõe o endereço de um *site* cujos fins são comerciais. É um formato que oferece produtos e serviços variados para o consumidor final, com possibilidades de pagamento eletrônico via cartão de crédito, utilizando-se de serviços especiais como despacho, frete, montagem de móveis e correio para mensagens. Em suma, são recursos *on-line* que possibilitam uma operação comercial de qualquer lugar e com empresas do mundo inteiro, desde que exista acesso à internet. Um exemplo pode ser dado pelo governo, que tem se utilizado muito de um recurso denominado *pregão eletrônico* – um modo do governo municipal, estadual e federal contratar serviços e fazer compras de forma mais rápida e com preços ainda menores do que seria se no processo fossem utilizadas as licitações.

Venda direta

Também é varejo a venda realizada diretamente por fábricas, distribuidores, atacadistas e outros. O exemplo mais comum é a venda de porta a porta. Nesse caso, o vendedor ou a demonstradora visita o possível cliente em casa, no escritório, na fábrica ou no trabalho para oferecer uma dada linha de produtos, normalmente utilizando um bonito catálogo. O vendedor apresenta o produto e, caso necessário, também o demonstra.

Várias organizações se valem desse formato. Um exemplo é a Natura, uma organização muito conhecida no Brasil, com produtos de qualidade e forte *marketing*. Nessa mesma linha (cosméticos), uma empresa precursora e mundialmente conhecida é a norte-americana Avon. Mesmo muito antes do *marketing*, ela já utilizava o bordão "Blim, blim, Avon chama!".

Máquinas vendedoras (vending machines)

Temos também o varejo sem loja instalada, representado pelas máquinas vendedoras de cafezinho, lanches, brinquedos, refrigerantes e outros, as quais são instaladas em locais públicos e operam segundo o sistema de *self service*, ou seja, é o cliente quem toma a iniciativa de se servir. Essas máquinas são ideais para oferecer o produto certo, no momento certo e no local certo.

Atividades

1. Assinale com (V) as afirmações que considerar verdadeiras e, com (F), as que considerar falsas.
   - ( ) Uma central de compras é um sistema de *marketing* vertical.
   - ( ) Uma joalheria dentro de uma loja de departamentos é um departamento alugado.
   - ( ) O franqueador é quem paga a taxa do *royaltie*.
   - ( ) As lojas independentes são exclusivas para brasileiros.
   - ( ) Os hipermercados normalmente fazem parte de uma rede de lojas.

2. Na sua opinião, qual a importância dos pequenos mercados (os "mercadinhos") para o desenvolvimento econômico de um município?

3. Quais as principais diferenças entre a seção de vestuário de um hipermercado e uma loja de roupas (especializada)? Apresente exemplos.

(7)

Classificação dos serviços

Os serviços são de difícil classificação. Basta verificarmos no cadastro das diferentes prefeituras a enorme variedade e disparidade que existe na classificação dos serviços. Some-se a isso a classificação dada pelo Instituto Brasileiro de Geografia e Estatística (IBGE). Uma classificação possível foi apresentada por Las Casas (2007). Para esse autor, os serviços podem ser gratuitos ou remunerados, próprios ou terceirizados e podem ser prestados por e para pessoas físicas ou jurídicas.

(7.1) Serviços de consumo

Os serviços de consumo são prestados diretamente ao consumidor final, o qual pode ser pessoa física ou jurídica. Tais serviços se classificam conforme apresentamos a seguir.

Por conveniência

São serviços normalmente rápidos, cuja escolha é feita em função da comodidade das pessoas. Nesse tipo de serviço, o fator preço pode ter um papel irrelevante quando o consumidor não quer perder tempo. A oferta de um mesmo serviço de conveniência é muito parecida. Quase todos os *lava cars*, por exemplo, são bons, prestam o mesmo serviço e têm o mesmo preço. Os critérios de escolha, nesse caso, são dados pela proximidade de casa ou do trabalho, ou o tempo disponível em uma ou outra parada durante o dia.

A escolha de um minimercado perto de sua casa pode ser justificada porque assim é possível aproveitar o serviço de entrega das compras. É uma conveniência. O minimercado é um varejo que, como vimos antes, tem muitos serviços a oferecer. Também é conveniente, muitas vezes, porque possui o "caderninho", onde as despesas são anotadas e cobradas no final do mês.

As lavanderias (como se diz no Sul), ou tinturaria (como é dito em outras regiões do Brasil), são normalmente escolhidas por conveniência. Quando o serviço for especializado, como lavar ou limpar um casaco de couro, camurça ou pele, passa a ser um serviço especializado.

Por escolha deliberada

É um meio termo entre a escolha de serviço por conveniência e por especialidade. É o serviço que apresenta diferenças de preço de acordo com a qualidade escolhida ou a capacidade técnica do especialista ou do trabalhador contratado. Também há mais tempo para fazer a escolha do prestador de serviços, o que é importante para se ter mais segurança na escolha de um bom profissional. Por outro lado, escolheremos com facilidade os técnicos que reparam um fogão ou uma máquina de lavar roupas caso saibamos que eles prestam um bom serviço.

Na escolha deliberada também são levados em conta os 4 Ps do serviço, que são apresentados na Seção 7.4. Nesse caso, o fator preço começa a desempenhar um papel mais importante, e o consumidor começa a fazer comparações na relação custo-benefício. Temos como exemplo os serviços prestados por um banco ou por um corretor de seguros – que nos inspira confiança e preferência porque ele fará um acompanhamento em caso de sinistro.

Normalmente se escolhe um prestador de serviços quando ele é recomendado por uma pessoa conhecida e que merece crédito. Esse é um modo informal de publicidade que, embora não seja paga, possui alta credibilidade.

Por especialidade

Os serviços especializados são escolhidos deliberadamente e são muito específicos. São aqueles prestados por médicos, advogados e contadores, por exemplo. Podemos escolher um contador indicado por ser especializado na área de empresas de franquia. Ou um advogado escolhido devido à sua especialidade em causas de litígio no transporte ferroviário. É muito específico. Na área da saúde, os casos de serviço por especialidade são mais notórios, a exemplo da oncologia (voltada ao tratamento do câncer) e da endocrinologia (do diabetes).

(7.2) Serviços voltados às organizações

Os serviços prestados às empresas em geral, às organizações sem fins lucrativos, às organizações governamentais etc. inserem-se nessa classificação. É importante observar que um serviço pode ser classificado conforme vários critérios ao mesmo tempo. Por exemplo: ele pode ser prestado para uma organização e também ser por conveniência. Com base em Las Casas (2007, p. 19), veremos a seguir os serviços mais comuns prestados especialmente para as organizações:

- FOCADOS EM EQUIPAMENTOS – São os serviços relacionados com instalações, montagens de máquinas, escritórios etc. Inclui serviços de cabeamento, iluminação, ar-condicionado, manutenção, informática.
- FOCADOS EM FACILIDADES – São os serviços que tornam mais fácil realizar determinadas operações. Por exemplo: os serviços financeiros prestados pelos bancos e pelas corretoras; os serviços de seguros etc.
- DE CONSULTORIA E DE ORIENTAÇÃO EM GERAL – São serviços que nos auxiliam na tomada de decisão. Qualquer empresa enfrenta problemas cuja solução, não raro, depende da contratação de profissionais altamente especializados (os consultores). Um exemplo é uma empresa que, diante da necessidade de crescer, decidiu contratar um consultor para estudar a possibilidade de colocação de seus produtos no mercado internacional.

(7.3) Serviços tangíveis

Uma classificação de serviços bastante clara e identificável se refere à sua tangibilidade. Mas o que é tangível? *Tangível* é a qualidade de algo que pode ser visto, tocado, cheirado etc. A mesa de um escritório é um bem tangível. E, ao contrário, intangível é o que não pode ser visto nem tocado. Sabemos que existe, mas por outros meios. Um serviço com pouca tangibilidade é o serviço de educação, a ponto de existir a educação a distância – que, por sinal, é muito bem-sucedida. Já o serviço da manicure é razoavelmente tangível, pois o cliente pode ver o resultado do serviço, embora não possa prever esse resultado antes que o serviço seja executado. Mas, depois de concluído, o cliente tem um parâmetro bom ou ruim, observando o estado das unhas e das mãos, em geral.

Em outro extremo, temos um serviço que possui alto grau de tangibilidade, que é o serviço de um restaurante. Podemos ver a beleza do prato elaborado pela cozinha, podemos cheirá-lo, identificar o aroma e, logo depois, degustá-lo. No Quadro 7.1, é possível compreender como os serviços tangíveis se classificam.

Quadro 7.1 – Classificação dos serviços com base na tangibilidade

CLASSIFICAÇÃO	SERVIÇOS ORGANIZACIONAIS	SERVIÇOS DE CONSUMO
Serviços relacionados a produtos altamente intangíveis	Serviços de segurança, de comunicação interna e externa. Televendas, licenciamentos, direitos de aquisição e uso, avaliações de empresas, terrenos etc. para futuras fusões ou aquisições de empresas. Serviços de consultoria em geral. Ouvidoria.	Serviços prestados por museu, teatro e cinema. Serviços de uma agência de emprego ou de estágios profissionais. Diversões e parques temáticos, serviços de educação nos diversos níveis e apresentações hoje possíveis. Serviços de orientação de viagens e turismo.

(continua)

(Quadro 7.1 – conclusão)

Classificação	Serviços organizacionais	Serviços de consumo
Serviços que adicionam valor aos produtos que são tangíveis	Serviços de seguro para automóvel ou caminhão, contratos de manutenção para máquinas operatrizes, consultoria de engenharia civil, serviços de propaganda e publicidade, como agências. Serviço de *design* para embalagens.	Serviços de reparos em roupas, lavanderias e tinturarias. Serviços de conserto em automóveis e motocicletas. Serviços de instalação de ar-condicionado, cabo para TV, internet etc. Seguros de saúde e seguros profissionais, como seguro para as mãos de um músico. Restaurantes, bares e lanchonetes.
Serviços que tornam produtos tangíveis disponíveis	Serviço do atacado e do distribuidor com a armazenagem e a distribuição na hora certa para o varejo. Serviço de transporte do fornecedor e para o cliente. Serviços financeiros, de arquitetura, de pesquisa e de desenvolvimento.	Serviço do varejo para o consumidor final. Frete de móveis. Serviço da venda por *marketing* direto, por mala direta, TV, internet etc. O serviço de arrecadação de roupas usadas nos ônibus e em locais públicos para doação. Arrecadação de 1 kg de alimento não perecível para doação em creches e asilos.

Fonte: Adaptado de Las Casas, 2007, p. 21.

(7.4) Os 4 Ps dos serviços

Uma abordagem interessante para os serviços é apresentada por Las Casas (2007, p. 79), que são os 4 Ps dos serviços: perfil, processo, procedimento e pessoas. Neste tópico veremos cada um desses itens.

Perfil

O perfil se refere a vários aspectos que permitem avaliar um serviço, tal como o espaço ou o ambiente em que ele se apresenta. Esse é o primeiro passo para tornar tangível o serviço, que, por natureza, é intangível. Como fazer *marketing* de algo que não existe? Uma parte concreta do serviço de uma costureira é a sala que ela utiliza para o trabalho. Com a identificação do local em que a costureira atua, o cliente vai se sentir seguro de estar no lugar certo. Isso se chama *identificação concreta de um serviço*. E se, ao entrar na sala, o cliente se depara com uma bagunça de tecidos, fios e mistura de peças semiprontas, ele terá uma má impressão, podendo pensar: se a sala da costureira é assim, provavelmente o serviço que lhe encomendei vai ser assim. Pode também pensar diferente, que toda costureira é assim e essa deve ser uma boa profissional, pois tem muito trabalho. Para nós, o que vale são as impressões concretas para avaliar algo não concreto, o que é intangível, ou seja, os serviços.

O perfil também envolve identificar a COMUNICAÇÃO EXTERNA como a fachada, o letreiro, a iluminação, a facilidade em encontrar o ponto comercial do serviço etc., lembrando ainda de todas as máximas que utilizamos no *marketing* de varejo para identificar um ponto comercial: precisa ser bem localizado, ser encontrado e visto facilmente pelo futuro cliente. Há, ainda, o ambiente interno, ou seja, a COMUNICAÇÃO INTERNA, em que novamente identificamos vários aspectos relativos ao *marketing* de varejo: o *layout* utilizado, a decoração interna, a existência de ar-condicionado, a iluminação adequada, o aroma do ambiente, música etc. São aspectos que interferem na decisão do possível cliente, levando-o a ter impressões concretas sobre o serviço que poderá contratar ou não.

Ao pensar na contratação de um arquiteto, um possível cliente vai observar as instalações desse profissional. Fará observações concretas e levará seu pensamento para conclusões práticas e subjetivas: "Esse arquiteto deve ser bom"; ou "Esse arquiteto deve ser muito caro, pois seu escritório é muito sofisticado".

Devemos considerar também a conjugação de esforços entre o *marketing* de varejo e o *marketing* de serviços toda vez que trabalhamos com mercadorias, porque o serviço está incluído no benefício que esse bem, a mercadoria, passa. Por exemplo: comprar comida é comprar um bem e, implícito a ele, está o serviço de nos alimentar. O ambiente pode ser um *drive-thru* do McDonald's, que mescla serviço, produto, *marketing* de serviços, *marketing* de varejo e resulta, principalmente, na satisfação dos clientes, sobretudo as crianças e os jovens, que são o foco do *marketing* do McDonald's.

Processos

Mantendo o exemplo do McDonald's, observamos o sistema de atendimento no caixa, o sistema do pedido encaminhado ou atendido na hora quando o lanche está pronto, a entrega etc. Para funcionarem, as franquias do McDonald's precisam respeitar um minucioso manual de processos. A batatinha deverá ser frita sempre de uma ou outra maneira específica, sob determinada temperatura e tempo.

Processo diz respeito a outro "P" importante no *marketing* de serviços, pois permite reforçar a impressão de tangibilidade que o serviço tanto requer. O acompanhamento do processo de execução do serviço dá ao cliente, ou ao futuro cliente, a exata noção de como esse serviço será executado. A partir daí, o cliente pode imaginar o resultado ou a qualidade do serviço. Trabalha-se esse "P" no *marketing* de serviços prevenindo comportamentos negativos do cliente ou antecipando possíveis problemas, de modo a garantir que o consumidor tenha um atendimento de qualidade. Conforme Las Casas (2007, p. 80), algumas sugestões podem ser muito úteis nesse "P" de processos:

- desenvolver um fluxograma de toda operação, prevendo e melhorando os caminhos dos processos de determinado serviço;
- mostrar ao futuro cliente como será desenvolvido o serviço, para que ele acompanhe e tenha confiança nos processos;
- procurar nos processos de fabricação ou serviço uma maior racionalização e eficiência;
- buscar uma logística adequada, assegurando que o produto ou serviço transite ou passe com maior tranquilidade por todas as operações, sem paradas desnecessárias e problemas;
- evitar processos confusos, ou muita espera, pois o processo faz parte do "pacote" de benefícios de compra do consumidor.

Procedimentos

Os procedimentos são a operação humana atrelada aos processos. Quais são as interferências dos funcionários na execução do processo? Para compreender, vamos tomar o exemplo do serviço de um colocador de azulejos. Trata-se de um serviço profissional que requer conhecimento e técnica. O cliente contrata esse serviço sob a seguinte recomendação de um amigo: "Olha, o Sr. João é um exímio colocador de azulejos!", no entanto fica desapontado ao perceber que a execução do serviço ficaria sob a responsabilidade de um funcionário do Sr. João. Com isso, nasce uma desconfiança de que o serviço não tenha a qualidade desejada.

Como o serviço possui um caráter intangível, nossos clientes precisam de referências do processo utilizado, bem como sobre os procedimentos adotados. Seria bem diferente se a recomendação do serviço mencionado fosse algo como: "O serviço é supervisionado pelo Sr. João, que é um exímio colocador de azulejos!". Muda completamente a percepção do futuro cliente.

Com base em Las Casas (2007, p. 81), é importante lembrarmos de algumas observações fundamentais quanto aos procedimentos:

- Para garantir a execução perfeita de um processo, devemos treinar nosso pessoal. Treinar muito. O procedimento seguramente tem maiores chances de sair quase igual ou pelo menos terá menos chances de sair errado, comprometendo todo o *marketing* de serviço.
- Todo procedimento muda no momento em que a pessoa está sorrindo, mesmo ao falar por telefone. Quem está do outro lado da linha telefônica sente isso. Está no serviço.
- Olhar para os olhos da pessoa conforme a educação ou na boca quando há dificuldade de compreensão. Falar pausada e claramente, deixando o cliente se pronunciar. Isso facilita a comunicação e, por consequência, o serviço sai ganhando muito em qualidade.
- O fluxograma que mencionamos no processo pode e deve vir acompanhado de recomendações de procedimentos a serem adotados para apresentar sintonia entre o que se pretende oferecer e o que de fato está se entregando.

Devemos frisar que o serviço é intangível; portanto, o cliente precisa se "agarrar" no que seja possível para que tenha uma ideia – talvez uma vaga ideia ou, se possível, uma nítida ideia – do que é e como será o serviço prestado.

Pessoas

Os serviços são conhecidos pelas atividades manuais ou intelectuais desempenhadas pelas pessoas. Na verdade, o maior custo de um serviço está no investimento nestas: pessoas contratadas ou profissionais que precisam ser remunerados de acordo com os seus conhecimentos e as suas competências. Formamos, com isso, uma imagem do serviço que vamos vender. Essa imagem é uma marca.

Las Casas (2007, p. 81) apresenta a necessidade de comercializar os atos, as ações e o desempenho no serviço. Para comercializar "desempenho", há a necessidade de se treinar vendedores, gerentes e demais funcionários. Pessoas que podem ou não seguir o manual de processos com seus procedimentos previstos, ou melhor, podem fazer muito mais e melhor do que o previsto.

Atividades

1. Associe a primeira coluna com a segunda.

   a. Serviços relacionados a produtos altamente intangíveis.
   b. Serviços que adicionam valor aos produtos que são tangíveis.
   c. Serviços que tornam produtos tangíveis disponíveis.

   ( ) Serviço de um garçom em sacar a rolha e servir um vinho tinto *cabernet sauvignon*.
   ( ) Serviço de instalação de internet banda larga.
   ( ) Serviço de auditoria nas contas do economato (serviço de cozinha concedido) de um clube esportivo.
   ( ) Palestra de um renomado especialista em *marketing* nos serviços de saúde.
   ( ) Transporte especial de vigas de concreto para a construção de uma ponte em uma estrada.

2. Descreva as principais características dos Ps de perfil, processo, procedimento e pessoas.

(8)

O *marketing* aplicado ao varejo e aos serviços

Neste capítulo, abordaremos a aplicação do *marketing* ao varejo e aos serviços sob o ponto de vista dos 4 Ps: produto (*product*), localização (*place*), preço (*price*) e promoção (*promotion*).

(8.1) Produtos, marcas, embalagens e serviços

Um dos Ps que não é exatamente o mais importante é o "P" de produto (*product*). É bastante reconhecida em *marketing* a importância dos produtos, das marcas, das embalagens e dos serviços. Os produtos e as suas marcas são utilizados tanto no varejo quanto nos serviços. No varejo são óbvios, mas no serviço é a marca o que lhe imprime uma tangibilidade desejável, embora outros aspectos também possam tornar um serviço tangível. Um restaurante, por exemplo, depende de servir os seus clientes, de modo que provem os pratos que resultam do serviço do cozinheiro, por certo preparados com talento. A embalagem também parece óbvia no varejo, sendo necessária para os produtos, mas para os serviços não. Podemos imaginar a apresentação do prato recentemente mencionado, cujo arranjo ou disposição dos itens que lhe compõem podem representar a embalagem do serviço. Neste capítulo, apresentaremos esses e outros aspectos que são essenciais para o *marketing* no varejo e nos serviços.

O ambiente do restaurante também conta como embalagem e é prova tangível de que o serviço contratado (servir refeições) provavelmente seja bom com base nas provas ou nas evidências que podem se mostrar tangíveis, como a apresentação do restaurante e a decoração dos pratos.

(8.2) A localização comercial como diferencial para o varejo e os serviços

A localização – representada pelo "P" de *place* – é um item muito importante no que diz respeito ao *marketing*, estando a ela atrelado o sucesso ou o insucesso de um empreendimento comercial. Isso porque parte significativa das vendas depende do movimento de pessoas, assim como da exposição dos produtos em determinado ponto comercial, tornando-os visíveis aos transeuntes, bem como às pessoas que transitam em carros e coletivos.

Conhecemos a importância do trabalho de comunicação externa desenvolvido pelo *marketing* de uma empresa de varejo ou de serviços para definir o ponto comercial que um futuro cliente possa necessitar ou visitar futuramente. Seria difícil compreender o sucesso de uma farmácia localizada na rua secundária de um bairro residencial. Se não estiver numa esquina, pior. Provavelmente o poder de atração dessa farmácia seja a disponibilidade de produtos diferenciados, talvez o preço (apesar de atualmente estarem trabalhando com uma tabela) ou as condições de pagamento muito atraentes.

Esse "P" também quer dizer "praça". Alguns autores atribuem ainda o termo *distribuição* para o "P" de praça ou localização, mas isso é mais usual no setor industrial, agrícola e para as empresas de logística. Para as organizações que trabalham na oferta de produtos ou serviços às pessoas físicas que transitam a pé ou por condução, nada mais importante para o sucesso nos negócios do que um bom ponto comercial. Ele garantirá a exposição do produto ou serviço ao consumidor, incentivando-o à compra por impulso.

A localização comercial de uma empresa varejista bem-sucedida por vários anos gera um fundo comercial que tem valor financeiro e é chamado de *luva* ou *chaves*. Por exemplo: uma pastelaria muito tradicional e bem-sucedida, localizada na esquina do centro de uma grande cidade, resolve vender o seu ponto para alguém que segue o mesmo ramo de negócio. Podemos compreender com facilidade que o sucesso do novo empreendedor de pastéis está muito mais garantido nesse ponto comercial do que se fosse criado um ponto a partir do zero. Nesse caso, seriam necessários vários meses para a clientela se convencer da qualidade do produto e do atendimento do novo empreendedor.

Também há a cobrança de *luvas* ou *chaves* pelo espaço a ser alugado para a instalação de uma loja em galerias, centros comerciais ou *shopping centers*. Nesse caso, quanto maior a procura, mais elevada será a luva cobrada para o novo locatário se instalar. E a localização da loja na galeria, no centro comercial ou no *shopping* também tem importância. Ela deve ser na entrada do *shopping*, junto aos concorrentes ou num espaço temático? Qual a melhor posição? Normalmente, a localização dos estabelecimentos dentro de um *shopping* são decorrentes de um aprofundado estudo de *marketing*, que resulta na definição do *mix* ideal de lojas.

Obviamente, o custo do aluguel de um ponto varia de acordo com a localização. Uma loja situada logo na entrada de um *shopping* pode ser interessante, pois é vista logo na chegada do consumidor, porém estudos demonstram que o consumidor primeiro deseja situar-se no *shopping*, afinal ele está recém-chegando. Isso não se aplica, porém, às lojas âncora, porque elas atraem os clientes por si mesmas, sem depender do *shopping*.

As ilhas comerciais ou promocionais localizadas no meio dos corredores dos *shoppings* normalmente envolvem um alto custo de aluguel, pois nesses corredores há uma alta circulação de pessoas e isso reflete diretamente no potencial de vendas. A exposição dos produtos e serviços e a possibilidade de compra por impulso também aumenta muito nessas ilhas comerciais.

A escolha de um bom ponto comercial parte de alguns princípios. O ponto comercial precisa ter um bom fluxo de clientes potenciais, ou seja, seu público-alvo. O estudo necessário para a abertura de um varejo, portanto, inicia-se com os aspectos demográficos e psicográficos da área pretendida. Analisa-se como está dividida a população por idade, sexo, diversidade étnica, número de pessoas por domicílio, hábitos de compras e o ambiente social e cultural em que vivem. Em resumo, qual o estilo de vida do público que vive no entorno do ponto? A renda individual ou por domicílio também é um fator importante, porém observa-se que o consumo é muito mais influenciado pelo estilo de vida.

Outras considerações relativas ao ponto comercial são:

- quanto menos conhecida a loja, a marca e os produtos, mais ela requer a escolha de um bom ponto comercial;
- quanto mais desejado o produto pelo consumidor, menos importante se torna a localização da loja;
- produtos de largo consumo ou globalizados – como a Coca-Cola – exigem que seja mais bem explorada a oportunidade de compra por impulso. Então, o ponto comercial precisa ser mais bem localizado;
- produtos de consumo específico, como lojas de tintas, sapatos, materiais de construção etc., podem prescindir de um bom ponto comercial, pois o consumidor vai até a loja porque precisa do produto. O ideal é a localização próxima de comerciantes ou prestadores de serviço do mesmo ramo, o que é muito bom para o consumidor e conveniente ao comerciante.

Quando ocorre a instalação de lojas do mesmo ramo em um mesmo espaço geográfico, seja de forma natural ou estudada previamente, temos um *cluster* – palavra inglesa que significa "grupo, reunir". A vantagem dos *clusters* é possibilitar que o consumidor tenha mais chances de encontrar o produto que procura. Para o comerciante, é vantajoso porque um *cluster* atrai mais clientes. Como desvantagem ao comerciante há a concorrência, o que pode exigir a redução de preços e, consequentemente, do lucro. Mas a concorrência pode ser vantajosa tanto para os clientes quanto para os comerciantes, pois se de um lado é melhor pagar menos, de outro os preços baixos representam um fator que atrai um grande número de consumidores. Assim, a instalação de uma loja num *cluster* diminui o risco do insucesso, ainda que também possa diminuir significativamente a possibilidade de lucros.

Em síntese, para a instalação de um varejo, é fundamental analisar muito bem o local ou o ponto, que poderá ser em um *shopping*, uma galeria, uma rua do centro da cidade ou na via mais importante de um bairro. Nessa análise também devem ser considerados fatores como o custo do aluguel e o perfil do público-alvo.

(8.3) Preço, valor e condições de pagamento

Este "P" é um dos mais importantes no que diz respeito à comercialização, porque é decisivo. O "P" de *price*, ou preço, porém, deve ter seu sentido ampliado para VALOR PERCEBIDO pelo cliente. Ele inclui ainda as condições de pagamento.

Um dos desafios dos profissionais de *marketing* é evitar que só o preço seja considerado pelos clientes durante a decisão de compra. Quando isso ocorre, o consumidor não está suficientemente motivado a escolher o produto ou serviço segundo fatores como marca, valor percebido, localização ou composto promocional. Por exemplo: dois clientes da loja Varal, de cama, mesa e banho, adquiriram dois jogos de cama completos. Um pagou R$ 185,00, e o outro, R$ 350,00. O que pagou mais caro obteve benefícios como a qualidade do produto, de um tecido especial, além de pagar em três vezes iguais sem juros. O que pagou menos adquiriu um produto de qualidade mediana, tendo de pagar à vista. Ambos podem sair satisfeitos da loja, porque a ideia de valor percebido para cada um é diferente.

Também temos como preço os nomes diferentes dos serviços, como a consulta do médico, a corrida de táxi, o salário do professor, a mensalidade da escola dos filhos, o aluguel do imóvel, os juros do empréstimo etc.

Políticas de preço

As políticas de preço estão relacionadas às normas que implicam a atribuição do valor de venda de produtos e serviços. Também estabelece fatores como condições e formas de pagamento – à vista ou a prazo, em dinheiro, cheque, cartão de crédito, débito em conta corrente etc. A seguir, apresentamos uma classificação das políticas de preço adaptadas com base em Morgado e Gonçalves (1997, p. 182-184).

Estratégias de ingresso no mercado

São políticas de preço para entradas de novos produtos no mercado, ou seja, os lançamentos.

- ESTRATÉGIA DA NATA DE MERCADO – Ocorre quando fixamos o preço no ponto mais alto possível para o público-alvo estimado, entendendo-se que o consumidor desse produto vai comprá-lo por qualquer preço. Por exemplo: lançamento de uma bolsa Victor Hugo para a nova estação.
- ESTRATÉGIA DE PENETRAÇÃO NO MERCADO – Corresponde à entrada rápida no mercado, por um preço bem estudado, normalmente baixo e aprazível ao consumidor, de modo a garantir a maior fatia de mercado possível. Por exemplo: lançamento da Maionese Hellmann's Deleite.

Estratégias de preço para produtos já existentes

São políticas adotadas por empresas que seguem estratégias diferentes para cada segmento de produtos ou serviços, também chamados de *categorias*:

- Preço único, inflexível e igual para todos – A mesma mercadoria ou serviço, na mesma quantidade e qualidade, terá o mesmo preço para todos. Há pouco ou nenhum espaço para barganha.
- Preço variável, flexível – Típico de bazar árabe, em que "o choro é livre". A negociação é a marca registrada ou a tônica do negócio. Uma mesma mercadoria ou serviço muda de preço conforme a negociação do comprador e do vendedor. Produtos de valor unitário mais alto, qualidade relativa do produto ou o preço para serviços são fatores que dão margem para grandes reduções de preço. Por exemplo: o preço negociado para a palestra de um guru da área de *marketing*.
- Estratégia do alinhamento de preços – Muito utilizada em lojas de R$ 1,99, em que poucos preços abarcam uma grande variedade de itens. Por exemplo: estabelecer os preços de R$ 0,99; 1,99; 2,99; 3,99 e 4,99 para todos os produtos da loja; ou, ainda, definir três faixas de preço para todos os itens da loja.
- Estratégia de preços psicológicos – São os preços utilizados com apelo psicológico. Por exemplo: a cadeira custa R$ 95,00, e não R$ 100,00. O preço um pouco menor tem maior poder de atração. Apesar de não respeitar uma lógica matemática, o volume de vendas é expressivamente maior utilizando-se essa estratégia.
- Estratégia do maior valor adicionado – São preços que vêm com forte carga de benefícios. Nem sempre são preços mais altos, mas possuem benefícios e vantagens de difícil quantificação. Normalmente atrelados ao conceito de qualidade da marca, que é um posicionamento do consumidor com relação ao produto. Por exemplo: computadores da Dell, que têm no Brasil um forte valor agregado.

Numa pesquisa realizada com distribuidores de produtos industriais, em 1990, na Grã-Bretanha, foi identificada a situação que se apresenta na Tabela 8.1.

Tabela 8.1 – Distribuidores de produtos industrializados: objetivos almejados

OBJETIVO	% DE DISTRIBUIDORES QUE O CONSIDERAM "UM IMPORTANTE OBJETIVO"
Retorno sobre investimento ou montante de lucro	77%
Preços justos	61%
Receita de vendas	49%
Preços competitivos	44%
Participação de mercado	18%
Imagem	18%

FONTE: INDUSTRIAL MARKETING MANAGEMENT, 1990, P. 215-224, citado por MORGADO; GONÇALVES, 1997, P. 174.

Na mesma pesquisa, descobriu-se que a qualidade dos produtos é o principal fator que os distribuidores britânicos consideram no momento de estabelecer os preços, conforme demonstramos na Tabela 8.2.

Tabela 8.2 – Distribuidores de produtos industrializados: influências sobre a decisão de preço

INFLUÊNCIA SOBRE AS DECISÕES DE PREÇO	% DE DISTRIBUIDORES QUE O CONSIDERAM SER "UMA IMPORTANTE INFLUÊNCIA"
Qualidade dos produtos oferecidos	69%
Objetivo da administração de preços	55%
Preço da concorrência	48%
Demanda em cada segmento de mercado	30%
Exigência dos fornecedores	27%
Efeito na demanda de outros produtos	12%

FONTE: INDUSTRIAL MARKETING MANAGEMENT, 1990, P. 215-224, citado por MORGADO; GONÇALVES, 1997, P. 174.

Condições de pagamento

Além do pagamento à vista, ele pode ser feito a prazo (ou seja, parcelado em um ou mais pagamentos). Também há os pagamentos em prestações pelo popular carnê ou crediário próprio oferecido pelas lojas – grande ferramenta promocional do varejista ou do prestador de serviço que se adapta à capacidade de pagamento de cada cliente.

É desnecessário explicar todas as possibilidades atreladas aos cartões de crédito. Em grande medida, eles substituíram a caderneta de anotações que o dono do armazém utilizava – mais um serviço do varejo que as empresas financeiras assumiram. Os cartões podem facilitar o pagamento à vista ou a prazo. Normalmente, o cliente deve pagar o valor total na data do vencimento do cartão ou seu valor mínimo – refinanciando o saldo sob juros bastante altos.

(8.4) Composto promocional

Este "P" vem do original em inglês *promotion*, ou seja, PROMOÇÃO. Mas não se trata da PROMOÇÃO como a conhecemos no composto promocional, mas, conforme Ferracciù (2008, p. 7-8), no Brasil ela engloba toda a comunicação. Como a COMUNICAÇÃO é muito extensa e complexa, usualmente ela se insere no que tratamos como COMPOSTO PROMOCIONAL, que inclui ferramentas como propaganda, publicidade, promoção de vendas, *merchandising*, venda pessoal, relações públicas e assessoria de imprensa, entre os mais conhecidos. A seguir, vamos apresentar mais detalhes sobre esses itens.

Propaganda e publicidade

O que é PROPAGANDA? Segundo Shimp (2002, p. 221),

> *é uma forma eficiente de comunicação, capaz de alcançar o público de massa a um custo relativamente baixo por contato. Ela facilita o lançamento de novas marcas e aumenta a demanda pelas marcas já existentes, principalmente por aumentar a consciência de "top of mind" [que indica as marcas mais lembradas pelos consumidores] para marcas estabelecidas em categorias maduras de produto.*

Também utilizamos a propaganda para informar nosso consumidor que o produto tem outras aplicações ou usos. Por exemplo: a Maionese Hellmann's, que originalmente era usada em saladas, passou a ser utilizada no pão, sobretudo com o lançamento da Hellmann's Deleite. Esse uso já era comum, mas agora foi reforçado e se estabelece como um concorrente direto (ou substituto) da margarina, do requeijão etc. Apresenta-se como um jogo de palavras no português, uma vez que *deleite* tem o sentido de "saboroso". Deleitar também é causar prazer.

Segundo Shimp (2002, p. 221), a propaganda é valorizada porque desempenha uma enorme variedade de funções fundamentais para as organizações, para as pessoas, para os produtos e para os serviços que precisam ser divulgados. As funções da propaganda, segundo o autor, são:

- INFORMAR – Muitos autores utilizam o termo *educar*. O novo produto precisa ser apresentado, explicado no seu uso, na sua utilidade, na sua função e no desempenho que deve apresentar. Outras vezes precisamos educar o nosso consumidor. Por exemplo: quando o micro-ondas foi introduzido no mercado, foi preciso muitos esclarecimentos.
- PERSUADIR – Uma propaganda que consegue convencer o consumidor é chamada de *eficaz*. É necessário conquistar o consumidor a experimentar o produto ou serviço. As ilhas de degustação nos supermercados tornam-se mais atraentes para a experiência se o consumidor já recebe antecipadamente a "notícia" via propaganda de TV, rádio, *folder*, encarte etc.
- LEMBRAR – A lembrança da existência e da necessidade de um produto ou serviço é fundamental. Para Shimp (2002), quando surge uma necessidade relacionada ao produto anunciado, o impacto da propaganda possibilita que a marca do anunciante venha à mente do consumidor como candidata à compra. A propaganda eficaz também aumenta o interesse do consumidor por marcas maduras e, assim, a possibilidade de compra de uma marca que, de outra forma, poderia não ser escolhida. Obviamente, a propaganda também desvia a atenção de um provável consumidor de uma marca para outra que também anunciou seu produto como boa opção.
- AGREGAR VALOR – Como agregar valor a uma oferta? Conforme Shimp (2002) nos sugere, há três formas básicas para agregar valor: inovação, melhoria da qualidade ou alteração das percepções do consumidor.

A American Association of Advertising Agencies (AAAA), segundo Shimp (2002, p. 221), definiu "valor" do seguinte modo: "A inovação sem qualidade é simplesmente uma novidade. A percepção do consumidor sem qualidade e/ou inovação é apenas propaganda exagerada. E tanto a inovação como a qualidade, se não traduzidas em percepções do consumidor, são como o som de uma árvore caindo em uma floresta vazia".

A propaganda agrega valor às marcas ao influenciar as percepções dos consumidores. Torna o produto mais bonito aos olhos do consumidor, mais chique, com mais *status*, como as bolsas Victor Hugo. Também auxilia em outros esforços da empresa, desempenhando um papel importante na atividade promocional.

Por exemplo: os encartes da Casas Bahia reforçam a decisão do consumidor em visitar uma loja, o que é reforçado pelas propagandas veiculadas na TV, pela promoção de vendas para pagamento sem entrada e pela exposição inteligente do produto nas lojas, com um *merchandising* atrativo.

Outro aspecto que torna a propaganda importante encontra-se com o intuito de reforçar a argumentação de um serviço que não possui atributos claramente tangíveis, a exemplo de um serviço de viagens marítimas, cuja descrição se torna difícil sem mostrar imagens de pessoas de bem com a vida diante de praias paradisíacas.

E o que é PUBLICIDADE? A publicidade muitas vezes se confunde com a propaganda, conforme esclarece Predebon (2008, p. 18). Sob o ponto de vista da administração, a publicidade pode ser uma propaganda não paga nem identificada, mas com alta credibilidade. Por exemplo: lemos a coluna de jornal escrita por um jornalista conhecido e tomamos conhecimento sobre o serviço primoroso prestado por um restaurante de gastronomia de caça localizado em um hotel de Gramado-RS. O jornalista não identifica ou dá o endereço do hotel, mas não será difícil sabermos de qual hotel ele fala caso venhamos a visitar a cidade. Esse reforço de comunicação ajuda significativamente a imagem desse hotel, pois, embora não seja uma propaganda paga, envolve um alto nível de credibilidade perante os leitores e os clientes potenciais – os *prospects*.

A publicidade pode também ser o nome coletivo de uma campanha que envolve propaganda, publicidade, promoção de vendas, *merchandising* e outras ações de comunicação.

Chamamos de *agência de publicidade* o local em que se faz propaganda, publicidade, anúncios, mídia e tudo o que tem a ver com a comunicação interna e externa de uma loja ou de uma empresa prestadora de serviços. Os profissionais específicos dessa área são normalmente formados no curso de Comunicação Social, cuja formação específica dispõe de habilitação em jornalismo, relações públicas, bem como propaganda e publicidade (e como os dois nomes aparecem juntos, é fácil concluir que são coisas diferentes).

Promoção de vendas e merchandising

Como visto antes, no âmbito da COMUNICAÇÃO há a propaganda, a publicidade, a promoção de vendas, o *merchandising*, as relações públicas, a assessoria de imprensa etc. Mas o que é PROMOÇÃO DE VENDAS? Conforme Ferracciù (2008, p. 9), é

> uma técnica de promover vendas. Promover implica fomentar, ser a causa, dar impulso, fazer avançar, provocar, diligenciar (esforçar-se, empenhar-se), desenvolver, originar, favorecer etc. Não implica propriamente vender, mas diligenciar, esforçar, empenhar-se através de qualquer ideia ou ação para que isso aconteça. A promoção de vendas

prepara o caminho da execução das vendas, dando impulso a elas. [...] A promoção de vendas é, em essência, o fato latente, enquanto a venda é o fato consumado. É a semeadura, enquanto a venda é a colheita. Vendas tem a incumbência de "fechar" negócios. Promoção, a de "abrir" oportunidades para ela fechar.

O mesmo autor apresenta as dez regras fundamentais para a promoção de vendas:

- 1ª REGRA: não tente executar aquilo que os outros componentes do *marketing* podem fazer melhor.
- 2ª REGRA: ser a melhor alternativa para atingir seus objetivos. Essa regra complementa a anterior. Exemplos: concurso ao consumidor, ação concentrada no ponto de venda, melhorando ou remanejando as áreas de exposição do produto, *marketing* de incentivo ao lojista e a seus balconistas.
- 3ª REGRA: obter o máximo efeito pelo menor custo. É fato que a promoção de vendas dá o maior resultado pelo maior custo. Como? Temos um exemplo com a promoção "leve 3 e pague 2". A promoção de vendas é uma prática mercadológica que oferece temporariamente maior valor para o dinheiro na esperança de que os benefícios específicos da promoção alcancem o público a que ela se destina, da mesma maneira que dessa prática advenham os efeitos benéficos relacionados à marca. Mas em toda promoção há uma relação custo-benefício. Devemos sempre analisar o melhor investimento sob o menor custo. Mesmo obtendo vendas excepcionais, a rentabilidade e a lucratividade podem não estar em consonância com o investimento realizado, servindo a promoção apenas para aumentar o percentual de participação de mercado comparativamente à concorrência. Aumentar o volume de vendas é o parâmetro que se utiliza para medir tudo internamente nas empresas, até os executivos de vendas ou de *marketing*.
- 4ª REGRA: estar de acordo com os padrões de comportamento daqueles para os quais é destinada e de acordo com a imagem de marca.
- 5ª REGRA: atrair atenção e provocar aceitação.
- 6ª REGRA: ser simples, clara e fácil de entender.
- 7ª REGRA: utilizar tanto apelos emocionais quanto racionais.
- 8ª REGRA: ser única, singular e exclusiva.
- 9ª REGRA: ser honesta, evidentemente honesta.
- 10ª REGRA: ser suficientemente desejada por todos de quem seu sucesso dependa, recebendo por parte da empresa total apoio, que a equipe de funcionários e, principalmente, a de vendas, perceba e imite.

Temos muitas promoções para lembrar, conforme mostramos no Quadro 8.1.

Quadro 8.1 – Promoções

Sorteios	Competições	Brindes	Bônus/bonificações	Rebates/resgates
Incentivos	Exposições	Feiras	Jubileus/efemérides	Restituições
Acontecimentos	Eventos	Ações cooperativas	Desfiles	Festivais/gincanas
Patrocínios	Copas/jogos	Congressos/painéis	*Workshops*/fóruns	Seminários
Simpósios	Convenções	Peças de PDV	Painéis traseiros	Exibitécnica
Self liquidating	Demonstrações	Degustações	Amostragens	*Gimnicks*
Atrativos	Animações	Treinamento	*Premiums*	Literatura
Coleções	Trocas	*Gifts*/presentes	Materiais de apoio a vendas	Vendas condicionadas
Cuponagens	Remarcações	Liquidações	Descontos	Ofertas
Premiações	Vale-brindes	Concursos		

E o que é *merchandising*? É uma importante ferramenta de comunicação muito utilizada pelo varejo. É impossível imaginar um lojista sem o uso do *merchandising* para expor seus produtos, incluindo aí o varejo virtual. A arrumação da mercadoria na prateleira, para ficar com uma melhor aparência, destacar seu preço, limpar o produto, iluminar melhor, enfim, tudo o que fazemos para fazer o produto "saltar" para as mãos do consumidor. Diferentemente da promoção de vendas, que faz o consumidor ir até o produto, o *merchandising* precisa ser tão bem trabalhado que possa fazer com que o consumidor se sinta atraído pelo produto, que o pegue para olhar e, se tudo der certo, compre-o.

O trabalho de *merchandising* nasceu da necessidade do autosserviço em fazer o consumidor se virar de frente para os produtos. Ao percorrer longos corredores, a pessoa tende a passar direto pelo produto se nada o atrair. Isso é diferente de uma loja de varejo especializado, em que o cliente fica de frente para a exposição do produto. A necessidade de otimizar o tempo e a busca por proporcionar facilidades à compra aprimoraram muito as técnicas de *merchandising*. Entram produtos, etiquetas legíveis, vitrines atraentes, *layout* prático e vendedores, cartazes indicativos de seções e departamentos. O segredo é dar visibilidade.

Relações públicas e assessoria de imprensa

Conforme nos mostra Las Casas (2007, p. 190), a ferramenta de comunicação denominada *relações públicas* é uma das mais fortes voltadas à divulgação no âmbito do *marketing* de serviços. Como os serviços têm forte intangibilidade, eles precisam algo que reforce sua imagem. Sua marca precisa estar na boca do consumidor, ou melhor, de seu público-alvo. O campo de relações públicas atua principalmente em vista da melhora da imagem, da marca e do conceito, podendo vir a ser fundamental no auxílio de situações de desastre comercial ou disputas. Seu público-alvo é enorme. Vai desde clientes até fornecedores, comunidade, governo, acionistas e funcionários.

Já a ASSESSORIA DE IMPRENSA atua com vários veículos de comunicação – não só de imprensa. Um assessor de imprensa trata da divulgação de fatos relevantes desenvolvidos por jornalistas e relações públicas, integrando o trabalho do *marketing* e a comercialização dos produtos e serviços da empresa ou da organização. É uma importante ferramenta de comunicação externa que permite reforçar e confirmar todo o trabalho de imagem realizado junto aos clientes pela organização.

Atividades

1. Sobre o PONTO COMERCIAL, marque (V) para as sentenças verdadeiras e (F) para as falsas.
   - ( ) Lojas que vendem produtos específicos para máquinas operatrizes podem prescindir de um bom ponto comercial, pois o consumidor vai até a loja quando precisar do produto.
   - ( ) Lojas que pretendem vender produtos bastante iguais entre concorrentes, produtos quase globalizados, podem abrir mão de um bom ponto comercial.
   - ( ) Um novo lojista que quer se instalar com uma variedade nova de luminárias pode ter muitas vantagens se considerar a alternativa de procurar como ponto de instalação de sua loja um *cluster* de material elétrico ou de decoração.
   - ( ) A instalação de uma loja num *cluster* diminui o risco do insucesso, porém também pode representar a redução dos lucros.
   - ( ) Um supermercado a ser instalado em um bairro não prescinde de um bom ponto comercial para ser conhecido pela população.

2. Quanto ao preço, associe a primeira coluna com a segunda.

   a. São preços não arredondados: R$ 29,90 ou R$ 99,00. O exemplo clássico é R$ 1,99. Dão a impressão de serem menores do que a realidade.

   b. Quando fixamos o preço no ponto mais alto possível para o público-alvo, entendemos que ele pagará qualquer preço para ter o produto.

   c. São preços que vêm com forte carga de benefícios. Nem sempre são preços mais altos, mas possuem benefícios e vantagens de difícil quantificação.

   d. A empresa somente oferece cinco faixas de preço: tudo por R$ 2,99; R$ 4,99; R$ 7,99; R$ 9,99 e R$ 14,99.

   e. São os preços afixados nos produtos expostos em um supermercado.

   ( ) Estratégia da nata de mercado.

   ( ) Preço único, inflexível e igual para todos.

   ( ) Estratégia de preços psicológicos.

   ( ) Estratégia do alinhamento de preços.

   ( ) Estratégia do maior valor adicionado.

(9)

Administração integrada
de serviços

Ricardo Hillmann

Muito mais do que uma classificação de serviços, apresentaremos nesse capítulo uma forma eficiente e eficaz de trabalhar com os serviços e analisá-los. Para tanto, mostraremos oito fatores relacionados à administração integrada de serviços. Também abordaremos a integração entre serviços, pessoas e operações, bem como trataremos especificamente da atribuição de preço e de valor para eles.

(9.1) Os oito componentes da administração integrada de serviços

Lovelock e Wright (2006, p. 20) esclarecem sobre oito componentes fundamentais para a administração de serviços. Eles fazem uma analogia comparando tais componentes com os oito remos de um barco de competição. Essa competição é conhecida como *corrida dos oito* e se tornou famosa no Rio Tâmisa, nas proximidades de Londres, onde as Universidades de Oxford e Cambridge competem anualmente. É uma tradição de 150 anos e é fácil imaginar como a atuação dos oito remadores precisa ser extremamente coordenada para vencerem a competição. Se um dos oito remadores não fizer a sua parte, ele comprometerá o resultado de toda a equipe. Se um deles imprimir muito mais força que os outros, poderá desviar o barco. E assim é na vida empresarial. Conforme Lovelock e Wright (2006, p. 20), a "velocidade deriva da força física dos remadores, mas também reflete sua harmonia e coesão. Para alcançar eficácia ótima, cada um dos oito remadores deve puxar seu remo em harmonia com os demais, seguindo a orientação do timoneiro do barco, que fica sentado na popa do barco". O empreendedor ou proprietário de uma empresa prestadora de serviços pode ser comparado ao timoneiro que precisa fazer sua equipe mover os remos, com força, mas com muito cuidado, de modo a estarem ajustados com os demais parceiros da competição. O timoneiro é quem vai determinar o ritmo das "remadas", olhar os outros "barcos" (ou os outros competidores/concorrentes), assim como manter o entusiasmo da equipe.

Essa é uma metáfora muito apropriada aos propósitos que buscamos nesse capítulo. Os oito "remos", nesse caso, são comparados aos oito componentes da administração de serviços:

1. Elementos do produto (*product elements*).
2. Lugar e tempo (*place and time*).
3. Processo (*process*).
4. Produtividade e qualidade (*productivity and quality*).
5. Pessoas (*people*).
6. Promoção e educação (*promotion and education*).
7. Evidência física (*physical evidence*).
8. Preço e outros custos do serviço (*price and other costs of service*).

Para os profissionais e estudantes de *marketing*, pode ser fácil notar a similaridade entre esses oito elementos e os 4 Ps do *marketing*. Na realidade, considerado o original em inglês, eles correspondem aos oito Ps dos serviços. A seguir, vamos ver em detalhes cada um deles.

Elementos do produto

A expressão *elementos do produto* é chamada em inglês de *product elements*. Indica os elementos que caracterizam o produto e o serviço em questão. É verdade que o serviço não tem produto tangível, mas sabemos que muitos serviços se apresentam junto a um produto de forma mais elaborada. A exemplo de um restaurante, cuja comida, que é parte tangível do produto, será tão satisfatória ao cliente quanto seja a qualidade do serviço prestado pelo cozinheiro, ou seja, saber fazer o corte da carne adequadamente, acrescentar as especiarias e os temperos certos e respeitar os procedimentos e os tempos certos para cada etapa que envolve o seu preparo. Serviços agregados também dão um valor muito especial ao produto. Fazemos referência ao valor percebido pelo cliente. É essa a diferenciação que as empresas perseguem. Os serviços podem representar um elemento de diferenciação entre duas empresas prestadoras de serviço, uma bem-sucedida e a outra com problemas no mercado. Afinal, a empresa que não apresenta uma diferenciação digna de nota por parte do consumidor acaba baixando seu preço para poder manter-se no mercado. Uma empresa ou um serviço que não agrega uma diferenciação em seu dia a dia acaba indo para a "vala comum da guerra de preços". Uma vez lá, todos perdem – o cliente seguramente perde a confiança no serviço, a qualidade cai e o empresário em pouco tempo verá seu capital se esvair em dívidas.

Lugar e tempo

Outro componente do serviço são o lugar e o tempo – em inglês, *place and time*. Como já comentado, a tradução do termo *place* representa muito mais do que praça, lugar ou ponto comercial. Podemos exemplificar a importância da localização de um serviço com um *lava car*. Quanto mais bem localizado o prestador desse serviço estiver, mais em evidência o serviço estará.

Assim, o componente da prestação do serviço torna-se efetivo ou até viável numa localização conveniente ou apropriada e no tempo correto. Isso envolve decisões gerenciais *de* tempo e *do* tempo, onde as famosas perguntas "quando", "onde" e "como" fazem muito sentido. Por exemplo: o serviço de distribuição de mercadorias realizado por uma indústria de massas precisa ser excelente para que todos os produtos estejam no local certo e determinado, assim como no dia e na hora combinados.

É enorme o caminho percorrido pelo produto que, sozinho, dentro da fábrica, não atenderia ao seu propósito. É necessário percorrer um longo caminho, com muitos serviços agregados ao produto principal, que são as massas em nosso exemplo. Serviços como transporte, armazenagem, seguro, mão de obra para translado da mercadoria etc. são incorporados ao produto, de modo que esse esteja nas mãos do consumidor sempre que este necessitar.

Processo

O processo – em inglês, *process* – representa as diversas operações necessárias para a realização de um serviço, ou seja, um caminho detalhado. Esse caminho pode ser chamado de *método*, no caso de um serviço manual, como é o serviço para a concessão de crédito ao consumidor. Analisando com cuidado esse processo, é simples perceber que ele impõe a necessidade de se seguirem vários passos, numa sequência bem definida, os quais estarão sob a responsabilidade dos operadores do serviço.

Obviamente, os processos adotados pelas empresas, embora semelhantes, dificilmente são iguais. Uma empresa como a Casas Bahia possui um processo muito particular para a concessão de crédito. É sabido que eles concedem crédito mesmo para profissionais que não têm carteira assinada e não podem comprovar renda.

Produtividade e qualidade

Produtividade e qualidade – ou *productivity and quality* – parecem coisas opostas no contexto de uma organização, pois normalmente quem exige qualidade não exige produtividade. Mas na administração de serviços é exatamente esse o motivo de aparecerem juntos. Precisamos apresentar uma boa produtividade para manter os custos em controle, que por conseguinte nos darão a base para o preço do serviço. Baixa produtividade eleva os custos e, por consequência, o preço, levando-nos a perder espaço no mercado.

Por exemplo: considerado um serviço de montagem de móveis na residência do cliente, tomemos como produto tangível (elementos do produto – 1º componente) adquirido pelo cliente uma estante para a sala de estar. Como valor agregado na aquisição do móvel há o serviço de montagem da estante na casa do cliente, com dia e hora marcados (local e tempo – 2º componente). O serviço inicia em respeito a um método (processo – 3º componente) cuja aplicação produz os resultados esperados pela empresa prestadora do serviço, pelos montadores e pelo cliente (produtividade – 4º componente) e, além disso, todo o processo é realizado atendendo critérios que minimizam a ocorrência de falhas (qualidade – 4º componente). Uma vez prestado nessas condições, esse serviço certamente poderá ser recomendado pelo cliente para outras pessoas. Caso contrário, quando um serviço apresenta uma falha, é quase certo de que tudo o que foi bem feito seja ignorado pelo cliente e, nesse caso, a imagem da empresa poderá ser comprometida. Ademais, sabemos que um bom serviço pode eventualmente ser recomendado a um cliente potencial; no entanto, é ainda mais certo que um mau serviço seja criticado para dez pessoas, que jamais se tornarão clientes. É, portanto, muito importante medir o grau de satisfação dos clientes quanto ao atendimento de suas necessidades e desejos.

Pessoas

Tal como observado anteriormente, depende das pessoas o nível de qualidade dos serviços executados e, consequentemente, são elas que garantem o sucesso dos negócios. Sob um ponto de vista organizacional, as pessoas também são reconhecidas como ativos intelectuais das organizações, pois são elas que detêm o *know-how*, as competências necessárias para a execução dos serviços.

Obviamente, os processos relacionados à seleção, ao recrutamento e ao treinamento de pessoal representam um papel importantíssimo para que a empresa assegure a qualidade na prestação de seus serviços.

Promoção e educação

Promoção, em seu sentido original do inglês – *promotion* – tem o sentido de comunicação completa, ou seja, muito mais do que promoção de vendas, que é o sentido que muitas vezes as pessoas dão ao termo. Assim, a promoção nos serviços corresponde aos critérios de comunicação destes. O serviço precisa ser bem explicado antes, durante e depois de executado. Essa preocupação antecipada pode eliminar muitos dissabores futuros com relação à expectativa dos clientes. Por exemplo: no serviço de instalação de um aparelho de ar-condicionado, é necessário explicar ao cliente que a instalação envolverá incômodos como barulho, pó, entulho, pedaços de fita isolante colados no chão e pessoas estranhas entrando e saindo da residência.

A promoção, nesse caso, deve ser entendida como comunicação instrutiva, como se fôssemos educar o cliente para o serviço. Para um cliente novo, a explicação é fundamental, pois torna possível apresentar sugestões e recomendações. O vendedor de um produto acompanhado de serviço também faz o papel de educador. Por exemplo: o vendedor de tintas sempre venderá um produto tangível, porém sua venda será, normalmente, acompanhada por sugestões e orientações. O vendedor também pode possibilitar que o cliente veja como a sua casa ficaria em diferentes cores, usando um programa de computador que faz essas simulações. Na verdade, esse vendedor está totalmente envolvido com o futuro serviço de pintura, que ele provavelmente não executará, mas, sim, um profissional da área.

Evidência física

Em inglês, *physical evidence*, trata-se dos detalhes visuais ou despertos pelos outros sentidos humanos que facilitam a formação de um prejulgamento dos resultados e da qualidade de um serviço a ser executado. É comum torcer o nariz para uma oficina mecânica suja, em que as ferramentas do mecânico estão espalhadas no chão. Nesse caso, a impressão antecipada é ruim, podendo levar o cliente a decidir por buscar outra oficina. É verdade também que um prejulgamento não é muito aconselhável quando há poucas evidências. Pode haver surpresas agradáveis. Por exemplo: ao entrar em uma loja de ferragens, um cliente se depara com uma variedade tão grande de produtos que teme ser muito difícil identificar o que precisa para resolver o seu problema. No entanto, o cliente pode ser abordado por um vendedor muito eficiente, bem treinado e com boa experiência, que consegue orientar, explicar e dar sugestões pertinentes. Com isso, o comprador obtém exatamente o que precisa e sai satisfeito. Analisando o fato, podemos dizer que as evidências físicas não eram as melhores para esse cliente, mas na conjugação dos vários componentes até aqui analisados a ferragem conseguiu atender às necessidades do freguês.

Preço e outros custos do serviço

Entre outros fatores, o preço dos serviços e a percepção do cliente interferem na decisão pela contratação do serviço. Um serviço desenvolvido sem muito cuidado quanto aos insumos utilizados, como água, energia elétrica, óleo etc., pode elevar o custo e, por consequência, aumentar o preço.

Tomando como exemplo o serviço de transporte de mercadorias de um varejo, os custos tendem a aumentar se o motorista desperdiçar muito tempo e dirigir de forma imprudente. Isso pode resultar, no mínimo, em entregas atrasadas.

(9.2) Integração de serviços, pessoas e operações

Com base no conhecimento dos oito componentes da administração integrada dos serviços, podemos formular uma estratégia de ação. É fácil compreender a necessária e imprescindível integração dos diversos elementos do serviço. Novamente colocamos o cliente no centro das atenções e adotamos manuais de atividades já testados e comprovados por possibilitarem bons resultados no que diz respeito ao custo e à qualidade. Denominamos isso de *administração das operações* e, para um bom funcionamento, é fundamental um efetivo trabalho com as pessoas.

Na administração, utilizamos a expressão *administração de recursos humanos* ou *gestão de pessoas* para nos auxiliar na otimização do potencial humano. Independente disso, precisamos ter um trabalho dedicado às pessoas que executam os serviços, tal como prepará-los para lidar com os clientes. Por exemplo: o atendimento pessoal da fonoaudióloga a uma pessoa portadora de um déficit auditivo pode ser melhor se a empresa que lhe contrata investir em seu treinamento. É interessante observar que tais tratamentos são demorados, envolvem paciência e dedicação do profissional, assim como do paciente. Vemos até aqui a clara integração dos oito componentes da administração de serviço e a necessária preparação das pessoas, incluindo o paciente, para quem só interessa uma coisa: ouvir melhor, o mais rápido possível, sem incômodos e ruídos.

(9.3) Precificação e valor nos serviços

Por que a fixação do preço nos serviços e a política de preços e condições de pagamento para serviços precisam ser analisadas em separado? Porque os serviços são intangíveis e de difícil comparação. Nos produtos, normalmente, temos maiores possibilidades de comparação. Por exemplo: no caso de ferramentas agrícolas, sabemos que uma picareta é muito mais cara do que uma pá – a picareta tem muito mais ferro do que a pá. A comparação é fácil. Mas se considerarmos um serviço, como o de jardinagem, como comparar os serviços de dois jardineiros e um agrônomo? De que modo estabelecemos os preços para os serviços desses profissionais? As bases para a precificação são diferentes. Eventualmente, os jardineiros podem ter a mesma base de precificação, variando apenas em função da maior ou menor experiência na profissão. Já o agrônomo estudou no nível superior, testou e experimentou métodos científicos, o que acabará mudando a base do custo e, por consequência, o preço de seus serviços.

Para os serviços, valem os mesmos fatores usados na precificação de produtos manufaturados – custos fixos, semivariáveis e variáveis, contribuição, análise do ponto de equilíbrio etc. No entanto, o cálculo do preço para produtos manufaturados envolve um custo fixo normalmente baixo e diluído, além de muitos custos variáveis que acompanham cada peça produzida. No serviço, temos muitos custos fixos e poucos variáveis. Como isso é possível? Vejamos a seguir dois exemplos:

- Primeiro, vamos considerar que a produção de louça branca a ser usada em um hotel terá em sua composição de preço o custo fixo da fábrica, das chefias, aluguel, luz, energia e outros custos que diminuem muito à medida que aumenta a produção. E, depois, como custo variável, a matéria-prima utilizada, em grande quantidade, seus componentes agregados, como material de lixa, polimento, laca, verniz etc. e, principalmente, a mão de obra direta.

- Segundo, a precificação do serviço de hospedagem nesse hotel (que utiliza a louça branca) terá como composição de preço um alto valor de investimento no hotel propriamente dito – sua mobília, equipamentos, instalações de TV, acesso à internet, pessoal contratado, entre outros custos. Se o hotel está com grande, média ou pequena ocupação, o custo variável por hóspede é muito pequeno em comparação ao custo fixo do todo que precisa ser diluído na diária de cada hóspede.

Para estabelecer o preço, não basta aplicar um percentual sobre o material utilizado e o tempo despendido no serviço. Precisamos considerar também a questão da demanda do serviço no mercado. Quanto alguém estaria disposto a pagar por um determinado serviço? Qual o preço praticado pelo concorrente mais próximo? Quais as ameaças originadas com serviços similares?

O processo de precificação de serviços envolve diversas variáveis. Uma delas diz respeito à demanda. Faz parte do estudo da microeconomia a variação e a reação aos preços de determinado serviço em que a procura aumenta e a oferta, no entanto, permanece a mesma. Esse preço naturalmente tenderá a subir. O contrário, na teoria, também é válido. A menor procura pelo serviço teoricamente fará o preço cair. Mas isso nem sempre ocorre no caso dos serviços, porque o custo fixo do investimento em serviços é normalmente bastante alto.

Outra variável importante é a capacidade de pagamento do cliente. A qualidade dos serviços pode variar muito em função do valor remunerado pelo mesmo. Um exemplo é o serviço de pedreiro. Se um cliente tem poucas condições ou não quer pagar um valor justo por esse serviço, correrá um risco maior de ter como resultado um serviço de baixa qualidade – um piso mal nivelado, por exemplo. A renda e o poder aquisitivo do público-alvo direciona de antemão o nível de qualidade do serviço.

Para o cliente, os custos do estabelecimento prestador de serviços pouco importam até que ele perceba que algum fator possa comprometer o preço a ser pago pelo serviço. Esse aspecto foi apresentado com ênfase anteriormente.

Assim, podemos concluir que a definição de custos e de precificação dos serviços é importante e envolve a percepção de valor que o cliente do serviço faz. Se o cliente perceber que o serviço oferecido é compatível com sua percepção de valor, ele pagará o preço cobrado e ficará satisfeito. Do contrário, será um "gol contra" e o *marketing* de serviços precisará agir rapidamente para minimizar os prejuízos que tal fato pode representar à imagem da organização prestadora do serviço.

Atividades

1. Associe a primeira coluna com a segunda.

   a. Envolve a boa produtividade do serviço para manter os custos em nível baixo, ou sob controle, sem perder a noção da qualidade. ( ) Elementos do produto *(product elements)*.

   b. Diz respeito à necessidade de explicar ao futuro cliente como será desenvolvido o serviço, esclarecendo-o sobre os eventuais riscos e as possíveis dificuldades durante a sua execução. Ajuda a preservar a boa imagem da organização. ( ) Lugar e tempo *(place and time)*.

   c. Todo serviço tem um elemento-chave: as pessoas. São elas que farão a diferença quanto ao quesito qualidade e produtividade. ( ) Processo *(process)*.

   d. Sob o ponto de vista do *marketing*, um serviço pode ser considerado como produto. A tangibilidade, nesse caso, pode ser representada pelas características e pelos atributos do serviço. ( ) Produtividade e qualidade *(productivity and quality)*.

   e. É a fixação do preço dos serviços e a percepção do cliente quanto aos custos que incorrerá na contratação do serviço. ( ) Pessoas *(people)*.

   f. O componente da entrega do produto/serviço torna-se efetivo ou até viável num bom ponto comercial no tempo correto. Isto é dia, hora e conveniência ao cliente. ( ) Promoção e educação *(promotion and education)*.

   g. A metodologia utilizada, de preferência escrita em um manual, atestará que o processo de produção do serviço sairá a contento. ( ) Evidência física *(physical evidence)*.

   h. Basicamente são todos os elementos que os sentidos humanos podem se utilizar para formar uma ideia aproximada de como será o serviço. Uma oficina mecânica limpa e arrumada pode ser um bom indicador. ( ) Preço e outros custos do serviço *(price and other costs of service)*.

2. Justifique as dificuldades que existem na fixação de preços para serviços.

(10)

Ética e tendências

Ricardo Hillmann

Neste capítulo, discutiremos as preocupações que envolvem o futuro do varejo e dos serviços em uma época em que os negócios não são mais presenciais na sua totalidade, afinal vemos, ano após ano, um incremento nos negócios realizados por via eletrônica, celular e por outros meios. Como negócios, consideramos aqui a comercialização de produtos como livros, cosméticos, alimentos e insumos para a fabricação de outros produtos, incluindo-se os serviços para agregar valor aos produtos, bem como a contratação de serviços domésticos, industriais ou de entretenimento. No entanto, ao mesmo tempo em que se observa um grande aumento no volume de negócios, talvez aumente ainda mais as dúvidas e a insegurança quanto ao cumprimento das expectativas de uma negociação entre comprador e vendedor, tanto para o varejo como para os serviços.

(10.1) Ética na condução dos negócios do varejo e dos serviços

De acordo com Maxwell (2006, p. 23), "as empresas que se dedicam a fazer a coisa certa assumem um compromisso de responsabilidade social por escrito e agem de forma coerente com este compromisso, são mais lucrativas do que aquelas que não fazem esta opção". O autor sustenta a sua afirmação com base numa pesquisa cujo resultado aparece a longo prazo para as empresas éticas e, a curto prazo, para as não éticas – essas últimas apresentam resultados fabulosos, envolvendo caminhos obscuros, atalhos, engodos e trapaças descobertas ao longo do tempo.

Como a administração prepara um profissional para atuar na condução e no gerenciamento de diversos ramos de negócios, ele invariavelmente será conduzido e defrontado com diversas situações de difícil solução. O que fazer? Muitas vezes, o administrador contratado é o empregado mais importante da empresa e precisa pensar como patrão, empregador, empreendedor, proprietário ou acionista. Uma maior preocupação com a ética empresarial precisa ser dada por parte dos administradores, visto que novas legislações estão sendo aprovadas e a sociedade clama por mais transparência nas transações comerciais e nos negócios realizados.

É também comum entender que a ética deve ser aplicada apenas pelas empresas, uma vez que os consumidores sempre são vítimas. Não é bem assim; existem clientes sem ética, que usam de má-fé, tal como fazer reclamações de serviços ao saberem que os mesmos não podem ser contestados pela empresa que prestou o atendimento.

Mas, para continuarmos esse assunto, é prudente conhecermos alguns conceitos sobre ÉTICA. De acordo com Meira e Oliveira (2006, p. 87), a ética envolve "o estudo dos juízos de apreciação que se referem à qualificação de atitudes do ponto de vista de bem e mal". Meira e Oliveira (2006, p. 87) também apresentam a definição de Nash, para quem a ética é considerada "como um conjunto de princípios e valores morais que guiam o comportamento humano"; e a de Silva (citado por Meira; Oliveira, 2006), que observa que "a ética é o bem mais importante e o mais rentável de uma sociedade. Se um dia todos se tornassem éticos, sobrariam recursos no mundo". E, por conseguinte, Meira e Oliveira (2006, p. 87) definem que a ética

> é formada por códigos de conduta fundamentados em valores amplamente aceitos pela sociedade que regulam o comportamento dos indivíduos. Através dos preceitos

éticos, a sociedade evita que seus componentes ajam de forma irresponsável para com os demais, sem existir uma normatização formal e punitiva como a encontrada na justiça civil.

Precisamos identificar a ética dentro da linha do tempo. O que não era considerado ético no início da sociedade civil pode ser atualmente. A mistura de dogmas religiosos também atrapalhou o discernimento da população sobre o que é certo ou não. Obviamente o lema "olho por olho, dente por dente" não faz mais sentido nos tempos atuais, porém a antiga regra que estabelece que "o direito de uma pessoa termina onde começa o direito de outra" continua válida. Como saber aonde termina o direito de um e começa o de outro? Segundo Maxwell (2006, p. 22), "a mesma pessoa que sonega impostos ou rouba material de escritório quer ver honestidade e integridade na empresa cujas ações compra, no político no qual vota e no cliente com o qual negocia".

Vemos nas páginas dos jornais, na TV e no rádio notícias sobre corrupção e desvios fraudulentos cometidos por pessoas no governo e fora dele. Ações ilícitas são comuns em filmes, novelas e livros. A ânsia de fazer dinheiro, de lucrar sobre a ingenuidade alheia e obter sucesso a qualquer preço representam lamentáveis desvios éticos.

Uma falta ética muito comum são os presentes que os representantes ou vendedores muitas vezes dão aos compradores das empresas. Cada vez maiores, constituem uma forma de suborno, levando algumas empresas a proibirem a prática de receber presentes, sejam os compradores ou os funcionários do almoxarifado, da recepção de mercadorias, do transporte etc.

Outro exemplo de falta de ética é dada pela ânsia de vender de alguns representantes de laboratórios farmacêuticos. Como esses profissionais recebem comissão sobre as vendas (além do salário), eles buscam vender mesmo que um dado medicamento não seja exatamente o ideal.

Uma recomendação apresentada por Meira e Oliveira (2006) é o maior esclarecimento do consumidor: quanto mais informado, melhor. O consumidor mais esclarecido pode decidir pela compra com mais propriedade.

A importância do *marketing* também está em informar e mostrar as vantagens de um produto ou serviço. Nunca, porém, o consumidor deve ser induzido ao consumo de produtos prejudiciais à saúde ou ao bem-estar, a exemplo do que faziam antes as propagandas de cigarro, de bebidas alcoólicas e, mais recentemente, de produtos para crianças.

Existem discussões acaloradas sobre a questão ética envolvendo propaganda e *marketing* nas mídias de massa – como a TV e o rádio. O *marketing* e a propaganda em si estão passando por uma reformulação bastante grande quanto ao que é ou não recomendado para a sociedade.

Também há questões éticas bastante sutis, como as representadas pelos efeitos do progresso. Um exemplo é dado por algumas regiões da Índia, cuja tradição milenar tem sido colocada em choque em razão da invasão de novas culturas, em decorrência da construção de uma enorme rodovia que irá cortar o país. O progresso é inevitável, mas ele gera conflitos de interesse comercial e ético em grandes proporções, tanto nos dias de hoje como no passado, a exemplo da exploração das minas de ouro no oeste norte-americano.

Consideradas essas questões, cabe aos novos administradores terem o discernimento necessário para encontrar soluções éticas quando se depararem com circunstâncias difíceis. Também é necessário que clientes e fornecedores, acima de tudo, reconheçam a ética nos negócios e em seu relacionamento.

(10.2) Tendências para o varejo no Brasil e no mundo

Estamos sempre procurando nos antecipar a uma novidade. A tendência e o desejo do administrador que atua nessa área é encontrar um nicho de mercado em que possa contribuir de forma mais livre em relação aos custos e ao estabelecimento de preços, de modo a aumentar os lucros. Sob essa perspectiva, torna-se necessário explorar a abordagem de Furtado (2008, p. 15), que propõe um olhar sobre os paradoxos que vivemos hoje, com a intenção de entender melhor as razões de algumas mudanças significativas que vêm ocorrendo por parte de lojas e serviços oferecidos:

> *Por exemplo, já foi observado que a época atual é a melhor para viver para quem quer calma e serenidade? A oferta de "spas", livros de autoajuda, incenso, aulas de meditação, massagens e outros exemplos oferecem tudo isto. Por outro lado, nunca foi tão fácil pular de "body-jumping", mergulhar com tubarões, escalar paredões, praticar esportes radicais, viver intensamente com música no último volume. Queremos tempo, no entanto não abrimos mão da efervescência. Queremos respeito, mas não abrimos mão da liberdade.*

A autora nos mostra que somos cada vez mais ambivalentes, complexos, plurais, multifacetados, confusos e divididos. Vivemos em um paradoxo. Assim, conforme Furtado (2008, p. 17), a relação de consumo temporária é "o desejo de posse de bens [que] foi substituído pela sensação e pelo frescor da novidade". Isso acontece não por muito tempo. A sensação é efêmera, já que a obsolescência acontece no ato da compra. Queremos sempre o que não temos, e por pouco tempo. Basta analisar o comportamento dos consumidores que em poucos meses deixam de lado os seus "simples telefones" e adquirem aparelhos MP7 – que incorpora as funções de celular, câmera fotográfica, filmadora, televisor, rádio, internet, agenda, *e-mail*, *bluetooth* etc.

Furtado (2008, p. 18) aponta a tendência da feminilização do masculino. Os homens cozinham, cuidam dos filhos, fazem tratamentos dermatológicos de beleza e sabem que não se tornarão femininos por causa disso. Em contrapartida, as mulheres fazem cursos de vinho, mecânica, jogam futebol, pilotam aviões, assumem posições executivas, praticam esportes radicais etc.

O setor varejista acompanha tudo isso. Já podem ser percebidos, porém, sinais de fadiga dos consumidores quanto ao excesso de inovações. A sociedade desejaria menos opções de produtos para diminuir o estresse da dúvida, lojas menores para diminuir o tempo despendido nas compras, simplificação de processos operacionais para tornar a vida mais tranquila.

Tendências para os supermercados

Muitas tendências anunciadas como novidade há poucos anos já estão acontecendo em alguns países. Na Alemanha, por exemplo, já há supermercados que adotam carrinhos informatizados que fazem a leitura automática dos produtos neles colocados e, ao chegar no caixa, ou *checkout*, ele apenas indica a forma de pagamento. Como os hábitos de compra dos consumidores ficam armazenados em bases de dados, também se torna possível gerenciar a informação em consonância com técnicas de *marketing*. Observando-se, por exemplo, que um cliente é um contumaz comprador de vinho, o monitor acoplado em seu carrinho exibirá as ofertas e os lançamentos relacionados a esse produto.

Outra tendência são os quiosques multimídia que apresentam ofertas, sugestões de receitas e dicas para utilização diferenciada dos produtos disponíveis no supermercado. Digitando uma palavra-chave (no estilo de busca do Google), o consumidor obterá dicas e sugestões relacionadas.

Tendências para as lojas especializadas

Temos notícias que a empresa Lüette Leihen, na Alemanha, aluga *kits* de roupas de bebê por uma taxa mensal que varia entre 17 a 26 euros. São aproximadamente R$ 65,00. O nome *leihen* já indica que se trata de um aluguel[a]. É um

---

a. No vocabulário alemão, existem duas palavras para aluguel: *leihen*, que se refere a um aluguel sob a forma de empréstimo; e *mieten*, que se refere ao aluguel de imóveis.

negócio promissor, uma vez que um bebê, ou uma criança, cresce rápido e utiliza as roupas por pouco tempo.

Na Holanda, existe um *rent a garden*, que aluga um jardim ou partes dele para que as pessoas possam enfeitar a casa em uma ocasião especial ou para efeito de vendê-la. Um sistema de aluguel de bolsas de grife também incentiva o uso e a posse efêmera já descrita anteriormente, ou seja, viver intensamente, muitas vezes apresentando o que na realidade não se possui.

Muitos varejos na área de vestuário, por outro lado, apostam na renovação constante de suas coleções, a exemplo da C&A, Lojas Renner e Zara. Antes, era normal encontrarmos grandes coleções com uma extensa variedade de peças e tamanhos que ficavam disponíveis durante toda uma estação. Hoje, coleções exclusivas são substituídas por outras de forma muito mais rápida.

Tendências para os produtos

O *best-seller* de Chris Anderson (2006) – *A cauda longa: do mercado de massa para o mercado de nicho* – defende a ideia de vender menos de mais, ou seja, menos itens de mais produtos. Um exemplo seria vender creme dental em pequenas embalagens, mas, principalmente, com muitas variedades; afinal, ninguém é obrigado a usar o mesmo sabor de creme dental por mais de 15 dias.

Conforme Furtado (2008), a fabricante de eletrodomésticos Brastemp apresentou ao mercado brasileiro a linha "Pla", que oferece alternativas de acabamento criadas por diferentes estilistas. Trata-se de imprimir a arte na vida prática.

(10.3) Tendências para os serviços no Brasil e no mundo

Uma tendência que já vem se concretizando para o setor de serviços é a crescente especialização dos profissionais. Antes, a maior parte dos serviços era prestada por pessoas com pouca instrução ou preparação técnica – normalmente era resultado de aprendizado prático. Atualmente, no entanto, há uma maior quantidade de profissionais disponíveis no mercado, devido ao aumento de universidades, centros universitários e faculdades e, consequentemente, uma quantidade muito maior de egressos do ensino superior. Apesar disso, uma vez formados, os novos profissionais nem sempre encontram uma colocação para desempenhar o seu trabalho. Há poucas décadas, o espaço de trabalho para dentista, advogado, psicólogo, fonoaudiólogo, nutricionista, fisioterapeuta, arquiteto, administrador, economista etc. era muito maior. Tinha-se a certeza de que, uma vez formado, haveria trabalho à vontade. Hoje, porém, a oferta destes profissionais triplicou. Também há uma tendência de que os clientes sejam mais participativos quanto aos serviços que contratam. Isso ocorre porque as pessoas têm tido um acesso cada vez maior à informação, isto é, elas estão muito mais informadas e, desse modo, sentem-se mais preparadas para manifestar suas opiniões e dizerem o que realmente querem. Antes, as maneiras e as condições necessárias para executar um serviço ficavam exclusivamente sob a responsabilidade do profissional.

Quando os clientes são empresas, a interferência na prestação dos serviços também se tornou maior. As Lojas Renner, por exemplo, durante a década de 1980, contratava o trabalho de uma agência de propaganda de Porto Alegre para desenvolver suas campanhas de lançamento da moda inverno. Era comum a agência apresentar suas propostas de campanha, deixando para o cliente optar pela melhor e, quando necessário, fazer pequenos ajustes; e apenas isso. Atualmente, no entanto, a participação do cliente no desenvolvimento e aprovação de uma campanha passa por um processo de muito "suor, sangue e lágrimas", no qual todos trabalham muito para maximizar os resultados. Isso porque a competição no mercado é muito maior.

Além dos serviços prestados por profissionais liberais, houve mudanças e existem novas tendências relacionadas a outras categorias de serviços. Em primeiro lugar, a formação para os serviços não acontece mais apenas na prática. Há uma quantidade cada vez maior de escolas técnicas e centros tecnológicos preparando os atuais executores e gestores de serviço.

Como exemplo de novas tendências em serviços no mundo, podemos citar um restaurante localizado em Londres, que foi apresentado em 2009. Nele, os clientes fazem os pedidos clicando sobre a mesa, que é um enorme monitor e apresenta todas as opções disponíveis no restaurante.

Atividades

1. Podemos aplicar a ética em anúncios comerciais de uma empresa varejista? Apresente um exemplo.
2. A implantação de *checkouts* automáticos será bem aceita pela população brasileira? Justifique.

Referências

AGAS – Associação Gaúcha de Supermercados. *Revista Agas*, Porto Alegre, jul. 2008.

ANDERSON, Chris. *A cauda longa*: do mercado de massa para o mercado de nicho. Rio de Janeiro: Elsevier, 2006.

BATESON, John E. G.; HOFFMAN, K. Douglas. *Marketing de serviços*. 4. ed. Porto Alegre: Bookman, 2001.

____. *Princípios de marketing de serviços*. 2. ed. São Paulo: Thomson, 2003.

BLESSA, Regina. *Merchandising no ponto de venda*. 2. ed. São Paulo: Atlas, 2003.

COBRA, Marcos. *Administração de vendas*. São Paulo: Atlas, 1981.

____. *Vendas*: use a magia do marketing e a sedução da venda. 3. ed. São Paulo: Marcos Cobra, 2001.

ECOMMERCEORG. *Evolução da internet e do e-commerce*. Disponível em: <http://www.e-commerce.org.br/stats.php>. Acesso em: 1 abr. 2009.

FERRACCIÙ, João De Simoni Soderini. *Marketing promocional:* a evolução da promoção de vendas. 6. ed. São Paulo: Pearson Prentice Hall, 2008.

FITZSIMMONS, James A.; FITZSIMMONS, Mona J. *Administração de serviços*: operações, estratégia e tecnologia da informação. 4. ed. Porto Alegre: Bookman, 2005.

FURTADO, Beth. *Desejos contemporâneos:* patchwork de tendências, ideias e negócios em tempos de paradoxos. São Paulo: Gouvêa de Souza, 2008.

GRÖNROOS, Christian. *Marketing:* gerenciamento e serviços. Rio de Janeiro: Elsevier, 2004.

LAS CASAS, Alexandre Luzzi. *Administração de vendas*. 5. ed. São Paulo: Atlas, 1999.

____. *Marketing de serviços*. 5. ed. São Paulo: Atlas, 2007.

____. *Marketing de varejo*. 3. ed. São Paulo: Atlas, 2004.

LEVY, Michael; WEITZ, Barton A. *Administração de varejo*. São Paulo: Atlas, 2000.

LOVELOCK, Christopher; WRIGHT, Lauren. *Serviços:* marketing e gestão. 6. ed. São Paulo: Saraiva, 2006.

MAXWELL, John C. *Ética é o melhor negócio*: ganhe vantagem competitiva fazendo o que é certo. São Paulo: Mundo Cristão, 2006.

McCARTHY, E. Jerome. *Marketing básico*: uma visão gerencial. Rio de Janeiro: J. Zahar, 1976.

MEIRA, Paulo Ricardo; OLIVEIRA, Renato Luiz Tavares. *Ética em marketing e o novo consumidor brasileiro*: teoria e prática para o administrador responsável. Porto Alegre: UniRitter, 2006.

MOREIRA, Júlio César Tavares et al. *Administração de vendas*. São Paulo: Saraiva, 2001.

MORGADO, Maurício Gerbaudo; GONÇALVES, Marcelo Neves (Org.). *Varejo*: administração de empresas comerciais. São Paulo: Senac, 1997.

MÜLLER, Renato (Coord.). *Foco no varejo*: as mais recentes inovações em lojas no Brasil e no mundo. São Paulo: Gouvêa de Souza, 2008.

NATIONAL GEOGRAPHIC. São Paulo: Abril, n. 103, out. 2008.

PARENTE, Juracy. *Varejo no Brasil*. São Paulo: Atlas, 2000.

PREDEBON, José (Org.). *Curso de propaganda*: do anúncio à comunicação integrada. São Paulo: Atlas, 2008.

REICHELT, Valesca Persch. Conceitos essenciais de marketing. In: Ulbra (Org.). *Marketing fundamental*. Curitiba: Ibpex, 2009.

SHIMP, Terence A. *Propaganda e promoção*: aspectos complementares da comunicação integrada de marketing. 5. ed. Porto Alegre: Bookman, 2002.

SOUZA, Marcos Gouvêa de. *A quinta onda dos serviços no varejo*. São Paulo: Gouvêa de Souza, 2007.

WILLIAMS, John. *Shopping centers*: estratégia & gestão. São Paulo: Gouvêa de Souza, 2008.

ZEITHAML, Valarie A.; BITNER, Mary Jo. *Marketing de serviços*: a empresa com foco no cliente. 2. ed. Porto Alegre: Bookman, 2006.

Gabarito

Capítulo 1

1. Resposta possível: porque o *marketing* apresenta uma forte relação com o comportamento das pessoas e o varejo está à disposição das pessoas.
2. Resposta possível: dependendo do produto, a fábrica ou o produtor pode distribuí-lo com maior eficiência, utilizando-se de uma malha de distribuição diferente para cada linha de produtos ou grupo de consumidores diferentes. Dependendo do público-alvo, a fábrica pode utilizar atacadistas e varejistas.
3. Resposta possível: porque as compras governamentais requerem procedimentos próprios, como a licitação pública. Pela internet, por meio de sistemas de pregão eletrônico, os órgãos governamentais fazem pesquisa de preços, estabelecem as condições de pagamento, as opções de produtos e serviços, e tudo isso de maneira mais eficiente e rápida quando comparado às licitações. O custo operacional era maior e nem sempre a compra era efetivada pelo melhor preço possível. Além disso, a operação é *on-line*, o que envolve agilidade e boas condições de conclusão do pregão. Tudo é imediato.

Capítulo 2

1. Resposta possível: no MARKETING TRADICIONAL, o maior objetivo é vender mais, com baixos custos, envolvendo-se principalmente com o produto e com a busca de novos clientes. No MARKETING RELACIONAL há a preocupação de conquistar clientes fiéis e duradouros. Trabalha-se mais com pessoas e suas relações. Procura-se também um trabalho de parceria com fornecedores,

funcionários, comunidade e envolvidos em geral com a organização. Essa tem sido a tônica geral da administração do *marketing* de hoje.
2. Resposta possível: bons resultados em vendas são consequência de um bom trabalho de *marketing*. No entanto, as ferramentas utilizadas em vendas são muito diferentes da usada no *marketing*. As vendas são o sangue da empresa, não se prescinde jamais das vendas em uma organização. O objetivo principal do MARKETING INTEGRADO é aumentar as vendas, mas com um propósito duradouro. O bom relacionamento com clientes, fornecedores, comunidade levam a bons resultados em vendas.
3. V, V, D, D, V.

Capítulo 3

1. Resposta possível: a FORÇA DE VENDAS relaciona-se mais intensamente com o Departamento de Pesquisa e Desenvolvimento da empresa, com o intuito de acompanhar e sugerir alterações de produto e serviços. Relaciona-se com o Departamento de *Marketing*, colaborando na seleção de canais de distribuição das mercadorias mais convenientes. Na área da propaganda, publicidade, promoção de vendas, *merchandising* e outros, contribui na seleção de temas da publicidade em si. Com a produção, colabora com a previsão das vendas, assim como auxilia na caracterização dos produtos.
2. Resposta possível: a organização que investe em treinamento dos vendedores, e o faz com um *follow up* sistemático, terá bons resultados, como o aumento das vendas, um melhor apoio ao cliente – por exemplo, ajudando-o a solucionar problemas –, e desenvolverá um bom relacionamento com os clientes que garantirão o futuro das vendas. Outros benefícios são dados pela diminuição da rotação de vendedores, pela facilitação do controle da empresa sobre o tratamento dispensado aos clientes, bem como manter os vendedores entusiasmados.
3. V, V, V, V, V.

Capítulo 4

1. Resposta possível: o salário fixo serve para remunerar as atividades dos vendedores que não resultam diretamente em vendas – por exemplo: relatórios, abertura de novos clientes, atendimento de reclamações, trabalho de *merchandising* no ponto de vendas etc. A comissão é um percentual pago ao vendedor sobre a venda, ou seja, varia segundo o volume de vendas. O bônus ajuda a estimular o vendedor a atingir objetivos mais difíceis. O maior inconveniente dessa combinação é a complexidade envolvida no cálculo e acompanhamento dos vendedores.
2. Resposta possível: a empresa normalmente pode optar por itens que deem segurança ao vendedor e à sua família, tal como planos de saúde, seguros, *status* – como automóvel, viagens com hotéis, equipamentos de trabalho com tecnologia avançada. Entre outros, também poderá realizar concursos de vendas e conceder prêmios sobre metas alcançadas.
3. Resposta possível: os vendedores podem ser avaliados pelos indicadores mais tradicionais em vendas, tal como o volume de vendas, o crescimento percentual sobre o mesmo mês do ano anterior, o atingimento de cotas ou metas, a abertura de novos clientes e o lucro sobre as vendas de um determinado vendedor. Podem, ainda, ser consideradas outras informações, como a *performance* pessoal – dada pelo comportamento do vendedor junto aos clientes, pela sua facilidade para solução de problemas do cliente, simpatia, número de reclamações recebidas sobre o seu atendimento, a facilidade em fazer demonstrações de produtos e serviços etc.

Capítulo 5

1. c
2. S, S, S, S, P.
3. Resposta possível: os catálogos foram desenvolvidos no final do século XIX, passando a ser muito utilizados pelas grandes lojas de departamento dos Estados Unidos e da Europa. Com os catálogos, foram desenvolvidos pequenos sistemas e padrões para facilitar a escolha do produto pelo cliente, mas também garantir a separação do produto no estoque e remeter o produto certo ao cliente. Essas condições vigoram até hoje na preparação dos catálogos eletrônicos disponíveis nos diversos *sites* de empresas varejistas.

Capítulo 6

1. V, V, F, F, V.
2. Resposta possível: os "mercadinhos" têm sua importância econômica na função de distribuir e abastecer uma pequena comunidade com alimentos e gêneros de primeira necessidade. Sua operação é de baixo custo e garante a renda de uma família. Atualmente, esses estabelecimentos são muito prestigiados pelos fornecedores, que veem neles uma ótima maneira de divulgar suas marcas e produtos, além de gerarem um bom lucro.
3. Resposta possível: as seções de vestuário dos hipermercados operam principalmente com artigos básicos como meias, moda íntima, bermudas, *shorts*, blusas, camisas e calças; enquanto em uma loja especializada de vestuário trabalha-se com o básico e com linhas diferenciadas e exclusivas de produtos. Além disso, há maior envolvimento da loja vendedora, tal como comodidades e o atendimento de vendedoras.

Capítulo 7

1. b, b, a, a, c.
2. Resposta possível: "P" de perfil identifica o trabalho de *marketing* junto ao local em que é prestado o serviço, também se preocupa com aspectos relativos à ambientação. O "P" de processo precisa ser trabalhado pelo *marketing* para mostrar o acerto dos diferentes processos de operação de um serviço. O "P" de procedimento envolve um procedimento que precisa ser perfeito para a divulgação do bom serviço pelos clientes para outros possíveis clientes. O "P" de pessoas é fundamental para qualquer serviço no que diz respeito às competências, conhecimentos e ao envolvimento dos profissionais.

Capítulo 8
1. V, F, V, V, V.
2. b, e, a, d, c.

Capítulo 9
1. d, f, g, a, c, b, h, e.
2. Resposta possível: Nos produtos em geral, temos mais custo variável do que amortização de custo fixo. Nos serviços, teremos menor incidência de custos variáveis e maior amortização de custos fixos. Nesse caso, como exemplo, o "valor" (custo fixo) de um médico especializado em câncer é bastante alto, e a intangibilidade do serviço dificulta a comparação dos serviços.

Capítulo 10
1. Resposta possível: sim, a Lei de Proteção ao Consumidor apresenta esclarecimentos sobre o que é certo e errado para efeito da criação dos anúncios. Um exemplo bem conhecido são os anúncios de geladeiras que aparecem com garrafas, potes e sobremesas dentro delas com uma observação que são meramente ilustrativos, mas isso nem sempre é informado aos consumidores.
2. Resposta possível: sim, essa solução tende a ser bem aceita, pois acabará com o incômodo das filas. Para o varejista, isso pode representar mais clientes e, para os consumidores, uma comodidade muito desejada.

Os papéis utilizados neste livro, certificados por instituições ambientais competentes, são recicláveis, provenientes de fontes renováveis e, portanto, um meio responsável e natural de informação e conhecimento.

FSC
www.fsc.org
MISTO
Papel produzido a partir de fontes responsáveis
FSC® C103535

Impressão: Reproset
Julho/2020